Langenscheidt Grammatiktraining

Italienisch

Übungen zu allen wichtigen Grammatikthemen

von Dr. Paola Bernabei

Langenscheidt

Herausgegeben von der Langenscheidt-Redaktion

Lektorat: Barbara Holle, Dr. Olga Balboa
Layout: Ute Weber

www.langenscheidt.com

Druck und Bindung: Multiprint GmbH, Kostinbrod

ISBN 978-3-12-563526-5

Vorwort

Im **Grammatiktraining Italienisch** von Langenscheidt finden Sie **mehr als 150 Übungen** zu den wichtigsten Themen der italienischen Grammatik, wie z. B. **den Objektpronomen**, **dem Gebrauch der Vergangenheitsformen *(passato prossimo, passato remoto, imperfetto etc.)*** oder **dem Konjunktiv.**
Das **Grammatiktraining Italienisch** eignet sich gleichermaßen für Anfänger und Fortgeschrittene.
Sie können es zum Lernen oder zum Auffrischen benutzen und so Ihr Italienisch perfektionieren.

Die Übungen wurden speziell auf die Bedürfnisse von Deutschsprachigen zugeschnitten. Der übersichtliche Aufbau und die zweifarbige Gestaltung ermöglichen eine schnelle Orientierung. Da die Beispielsätze auf der italienischen **Alltagssprache** und einem **einfachen Wortschatz** basieren, bleibt Ihnen mühsames Nachschlagen schwieriger Vokabeln erspart.
Die Übungen selbst sind in drei Schwierigkeitsgrade eingeteilt:
★ = leicht, ★★ = mittel, ★★★ = anspruchsvoll. Sie sind so angelegt, dass Sie sie **schriftlich im Buch** lösen und mithilfe des **Lösungsschlüssels** sofort kontrollieren können. Dadurch ist das Buch besonders geeignet für das **Selbststudium.**

Und nun wünschen wir Ihnen viel Spaß beim Grammatiktraining!

Die Autorin und die Langenscheidt-Redaktion

Inhaltsverzeichnis

1 Das Substantiv

1. Welche Substantive sind maskulin und welche feminin? ★★

bambino ✔ casa ✔ cane bugia tigre libro albergo persona colore tema strumento chiave ospedale strada esercizio barca fiume ciliegia regione tavola

maskulin	feminin
bambino	*casa*
....	....
....	....
....	....
....	....
....	....
....	....
....	....
....	....
....	....

2. Wie lautet der Plural dieser maskulinen Substantive? ★

Singular	Plural	Singular	Plural
ragazzo	*ragazzi*	catalogo	....
pesco	....	medico	....
meccanico	....	errore	....
fiore	....	biglietto	....
banco	....	amico	....
viaggio	....	albergo	....

3. Bilden Sie den Singular folgender femininer Substantive. ★

Singular		Plural
arancia	←	arance
....	←	zie
....	←	farmacie
....	←	spiagge
....	←	case
....	←	chiese
....	←	province
....	←	camicie
....	←	svizzere
....	←	bambine
....	←	colleghe

4. Diese Substantive enden auf *-a* und sind trotzdem maskulin! Setzen Sie sie richtig ein. ★★

problema diploma poeta tennista tema ✔ teorema collega astronauta

1. Luca deve consegnare ogni settimana due *temi* all'insegnante.
2. L'Italia ha sempre molti .... politici.
3. Alla fine del corso si può sostenere l'esame per prendere il ....
4. I .... di matematica sono molto complicati.
5. Matteo Berrettini è stato un grande .... italiano.
6. Ieri ho conosciuto tutti i nuovi .... dell'ufficio.
7. Armstrong è stato il primo .... a mettere piede sulla luna.
8. Il Romanticismo ci ha regalato dei grandi ....

5. Wie heißt die maskuline bzw. feminine Form der folgenden Substantive? ★

maskulin	feminin	maskulin	feminin
collega	....	....	nipote
....	belga	....	insegnante
negoziante	....	pianista	....

6. Bringen Sie die spiegelverkehrten Wörter wieder in Ordnung und bilden Sie die entsprechenden femininen Formen. ★★

	maskulin	feminin
1. erottircs	scrittore	....
2. erottod	....	....
3. erosseforp	....	....
4. acud	....	....
5. erotta	....	....
6. etneduts	....	....
7. ateforp	....	....

Tragen Sie nun die femininen Formen in das Raster ein. Aus den schattierten Feldern ergibt sich der Name einer italienischen Region.

1
2
3
4
5
6
7

Lösung: ....

7. Die folgenden Substantive haben eine maskuline und eine feminine Form. Ihre Bedeutung ist jedoch unterschiedlich. Setzen Sie die richtigen Substantive – gegebenenfalls mit den entsprechenden Artikeln – ein. ★★

1. **il pianto – la pianta**

a) Il bambino dei vicini deve stare male, ho sentito *il pianto* .... tutta la notte.

b) Marco ama molto *le piante* ...., ha il pollice verde.

2. **il palmo – la palma**

a) C'è una nebbia fittissima*, non si vede ad .... dal naso.

b) Le spiagge dei Caraibi sono piene di ....

3. **il bilancio – la bilancia**

a) Ho comprato .... digitale, così potrò pesarmi più esattamente.

b) .... di quella ditta è da molti anni in passivo.

4. **il baleno – la balena**

a) .... è il più grande dei mammiferi.

b) Ieri mio figlio ha terminato i compiti in ....

5. **il posto – la posta**

a) Se Antonio continuerà a fingersi malato, prima o poi perderà .... di lavoro.

b) Da una settimana non riceviamo ....; ci deve essere lo sciopero dei postini.

6. **il marco – la marca**

a) In Italia molte persone acquistano solo articoli di note .... di stilisti.

b) L'euro ha sostituito .... e le altre valute europee.

* **fitto** dicht

2 Der bestimmte und der unbestimmte Artikel

1. *La, l'* oder *le*? Wie lautet der richtige Artikel? Ordnen Sie diese femininen Substantive dem richtigen Artikel zu. ★★

casa ✔ colleghe amica tazze acqua olandese fotografie gente radio aranciata città tigri libertà amicizie mano

la *casa* ……………………

l' ……………………

le ……………………

2. *Il, lo/l', i* oder *gli*? Fügen Sie zu diesen maskulinen Substantiven den bestimmten Artikel hinzu. ★

il nome	…… castelli	…… coltelli	…… studente
…… re	…… cantanti	…… cesto	…… libro
…… tema	…… laghi	…… anni	…… giornalista
…… amico	…… uovo	…… sbaglio	…… xilofono
…… sconto	…… inglesi	…… giornali	…… olandesi

3. Welcher bestimmte Artikel gehört zu den folgenden Pluralformen? ★

camicie ✔ uomini ✔ barche quaderni ✔ stranieri amiche alberghi cassette lampade errori fiori yogurt bar cani pesci

le	i	gli
camicie	*quaderni*	*uomini*
……	……	……
……	……	……
……	……	……
……	……	……

4. *Una/un'*, *un* oder *uno*? Welches ist hier der richtige unbestimmte Artikel? ★

una grammatica	.... agenzia	.... moneta	.... spesa
.... dizionario	.... svizzero	.... scherzo	.... gnomo
.... ora	.... vestito	.... lettera	.... gonna

5. Mit oder ohne? Setzen Sie – wo nötig – die richtigen Formen des bestimmten Artikels ein. ★

1. Il giudice è uscito con *gli* uomini della scorta.
2. — Quando vai in .... piscina? — Ci vado ogni .... lunedì.
3. È lei .... signora Lippi?
4. — Buongiorno, ... signor Rocchi, come sta? — Bene, grazie.
5. In .... primavera .... nostro giardino è pieno di fiori variopinti.

6. Setzen Sie die richtigen Artikel ein. ★★

Una ① ricetta speciale! Ci vogliono 5 uova e per ogni uovo .... ② cucchiaio di zucchero, ... ③ barattolo di mascarpone, ... ④ grande pacco di biscotti savoiardi, ... ⑤ po' di cacao amaro, del caffè e .... ⑥ goccio di Amaretto.
Si prende .... ⑦ terrina, si battono .... ⑧ tuorli con .... ⑨ zucchero, poi si aggiungono .... ⑩ mascarpone e .... ⑪ albumi, montati a neve separatamente. Amalgamare .... ⑫ tutto molto lentamente con .... ⑬ cucchiaio di legno e versare .... ⑭ crema ottenuta su .... ⑮ strato di biscotti, inzuppati precedentemente con .... ⑯ caffè e .... ⑰ amaretto. Formare due o tre strati sempre alternando .... ⑱ biscotti e .... ⑲ crema e mettere in frigo per .... ⑳ paio di ore. Servire freddo dopo aver spolverato .... ㉑ dolce con .... ㉒ cacao. Che cosa è? .... ㉓.

3 Der Teilungsartikel

1. Ergänzen Sie die Sätze mit den folgenden Teilungsartikeln. ★

dei ✔ delle dei delle dei degli delle dei degli dei

1. Ci sono dei libri sulla scrivania.
2. Hanno preso .... decisioni molto affrettate.
3. Nel frigorifero ci sono ancora .... pomodori.
4. Quel negozio ha .... prezzi molto bassi.
5. Maria ha comprato .... quadri bellissimi.
6. In quella banca lavorano .... impiegati gentili.
7. Clara e Anna hanno comprato .... vestiti costosi.
8. Roberto legge sempre .... riviste interessanti.
9. Ogni giorno faccio .... belle passeggiate.
10. All'università ho conosciuto .... studenti simpatici.

2. Setzen Sie die folgenden Sätze in den Plural. Beachten Sie dabei den Teilungsartikel! ★

1. Ho bevuto un'aranciata. Abbiamo bevuto delle aranciate.
2. Ho mangiato una pizza. ....
3. Hai scritto una cartolina? ....
4. Ha comprato un libro. ....
5. Ho incontrato uno studente. ....
6. Preferisco un caffè. ....
7. Hai fatto uno sbaglio. ....
8. Mi presti una matita? ....
9. Ha visto un film al cinema. ....
10. Le ho fatto un regalo. ....

3. Zwei Freundinnen treffen sich auf der Straße.
Ergänzen Sie den Dialog mit den Teilungsartikeln. ★

— Ciao, Lucia! Dove vai così in fretta?

— Sto andando a fare la spesa. Questa sera vengono degli ① amici e voglio cucinare qualcosa di speciale.

— Mmh, che cosa prepari di buono?

— Ho pensato di cominciare con ...... ② antipasti misti: ...... ③ affettato e ...... ④ carciofini sott'olio*. Ma vorrei fare anche ...... ⑤ tartine al caviale.

— E come primo?

— Come primo farò ...... ⑥ pennette al salmone, per secondo ...... ⑦ vitello in salsa tonnata con ...... ⑧ insalata mista, mentre per dessert preparerò ...... ⑨ macedonia con gelato, e da bere ...... ⑩ ottimo vino bianco.

4. Bald ist der erste Schultag für Sara. Was braucht sie noch?
Setzen Sie den Teilungsartikel bzw. den bestimmten oder den unbestimmten Artikel ein. ★

Sara ha bisogno di un ① quaderno a righe, e di ...... ② quaderno a quadretti, ma anche di ...... ③ astuccio con ...... ④ matite colorate e di ...... ⑤ gomma morbida per cancellare. Dovrò comprarle anche ...... ⑥ pennarelli, ma forse sarebbero meglio ...... ⑦ pastelli a cera. Spero proprio di non dimenticare nulla! Oh, che sbadata, le serve anche ...... ⑧ temperamatite, mentre per ...... ⑨ libri non mi devo preoccupare perché glieli darà ...... ⑩ scuola.

* **i carciofini sott'olio** in Öl eingelegte Artischockenherzen

4 Die betonten Objektpronomen

1. Suchen Sie im Buchstabennetz (waagrecht und senkrecht) die betonten Objektpronomen. ★

E S A U S G E B E N S E T E E R F G
E S B S E N A U F S C H R E I B E N
G L F A U B (M E) M S T E I G E N R L
N T N R Ö D B E L N U M F Ü R A N U
S C O H R M I T B V O I G E N E S I
B O I L E S E N B E N Ü B E L L E G
E N E S S I G Z L E I R N A O H H I
N A N R U F E N E I N V I E R E E G
R Ü S S E A N P R O B I E R O N N X

2. Beantworten Sie folgende Fragen mit den italienischen Formen der in Klammern angegebenen Objektpronomen. ★★

1. Con chi vai al cinema? *Vado con lui* . *(ihm)*
2. Con chi vieni in macchina? .... *(euch)*
3. Da chi vai a cena stasera? .... *(ihr)*
4. Da chi abita Claudia? .... *(uns)*
5. Con chi andate in vacanza? .... *(ihnen)*
6. Per chi sono queste fragole? .... *(ihn)*
7. A chi hai spedito questa lettera? .... *(ihr)*
8. In chi ha fiducia* Giovanna? .... *(mich)*
9. A chi hanno dato l'incarico? .... *(ihr)*
10. Per chi è questo regalo? .... *(dich)*
11. A chi telefoni domani? .... *(sie)*
12. A chi hai domandato? .... *(sie, Pl.)*

* **la fiducia** das Vertrauen

3. Ersetzen Sie die unterstrichenen Wörter durch die entsprechenden betonten Objektpronomen. ★

1. Oggi ceno con Sandra e Carola.
   Oggi ceno con loro.
2. Preparerò l'esame con Luisa.
   ....
3. Andrai con Carlo a Perugia?
   ....
4. Ai tuoi fratelli piace fare sport?
   ....
5. Hai comunicato anche a Dario la novità?
   ....
6. Giovedì vado a pranzo da mia zia.
   ....

4. Setzen Sie die fehlenden Personalpronomen in die Lücken ein. ★★

1. Insomma, ti sei decisa finalmente? Vieni con *me* o vai con *lui*?
2. Sto parlando a ....! Possibile che non mi ascolti mai?
3. Penso che dovresti telefonare a Maria e scusarti con ....
4. Signore, scusi, dico a .... Mi sente?
5. Il fine settimana andrò dai miei genitori e rimarrò da .... per tre giorni.
6. Stasera incontrerò i miei amici e andrò con .... al cinema.
7. Chiederò a Isa di accompagnarmi. Chiedo a .... e non a .... perché tu non vuoi mai uscire.
8. Povero ...., mi hanno rubato il portafoglio*!
9. L'ha fatto solo per ...., dovresti essergli più riconoscente.
10. Ha deciso di tornare a vivere da .... e i suoi genitori ne sono felicissimi.

* **il portafoglio** der Geldbeutel

5 Die unbetonten Objektpronomen

1. Umranden Sie die Akkusativpronomen. ★

R	Z	L	U	F	L	E
D	E	O	C	L	A	Q
M	A	E	B	S	A	S
I	M	N	L	Q	C	I
S	T	U	I	P	N	T
E	I	Z	D	V	I	H

2. Ersetzen Sie die unterstrichenen Wörter durch die Pronomen, die Sie oben gefunden haben. ★★

1. Carla legge un bel libro. *Carla lo legge.*
2. Io non firmo questa lettera. ……………
3. Sandra invita me al ristorante. ……………
4. Chi cucina gli spaghetti? ……………
5. Capisco te quando parli italiano. ……………
6. Invitano noi tutti i fine settimana. ……………
7. Il professore interroga voi a lungo. ……………
8. Aspettiamo le vostre zie. ……………
9. Avete pulito i vostri denti? ……………
10. Hai ascoltato le mie parole? ……………

3. Beantworten Sie folgende Fragen mit *mi, ti, lo, la* usw. ★★

1. — Mangi una pizza con me? — Sì, *la* mangio volentieri.
2. — Mi aspetti domani dopo il lavoro? — Certo, che …………… aspetto.
3. — Dove compri il regalo per Andreas? — Non …………… so ancora.

4. — A che ora ti chiamo questa sera? — .... puoi chiamare verso le sei.
5. — Signora, prende un aperitivo? — Grazie, ... prendo volentieri.
6. — Hai visto i bambini di Giulia? — Sì, ... ho visti tutti e due.
7. — Hai parcheggiato bene la macchina? — Sì, ... ho parcheggiata qui vicino.
8. — Hai già letto tutto il libro? — No, non .... ho letto ancora tutto.
9. — Chi ha portato queste belle rose? — .... hanno portate i tuoi studenti.
10. — Hai prenotato l'albergo? — No, non .... ho ancora prenotato.

4. Umranden Sie die Dativpronomen. ★

L	E	H	M	P	E	Q
B	E	G	I	O	C	I
T	Q	L	E	M	C	O
I	R	I	A	L	N	I
R	T	F	I	C	V	V
L	O	R	O	S	Q	I

5. Ersetzen Sie die unterstrichenen Wörter durch die Pronomen, die Sie oben gefunden haben. ★

1. A mia sorella piace la musica. *Le piace la musica.*
2. Quando telefoni a tuo fratello? ....
3. A me serve un'auto più veloce. ....
4. Che cosa hai detto ai tuoi genitori? ....
5. Scrivo una lettera alla Signora Carli. ....
6. Quando racconti a noi la tua avventura? ....
7. Confido a voi tutti i miei problemi. ....
8. Nasconde a te tutta la verità. ....
9. Ho regalato a mio padre un maglione. ....

6. Setzen Sie die folgenden Sätze in den Plural. Beachten Sie die unterstrichenen Pronomen. ★★

1. Ti telefono domani. *Vi telefono domani.*
2. Gli ho detto di venire. ......
3. Le ho raccontato tutta la storia. ......
4. Scusi, mi indica dov'è la stazione? ......
5. Mi chiedo dove sia finito* il libro. ......
6. Le ho detto di uscire. ......
7. Ti dispiace venire più vicino? ......
8. Mi hanno prestato i videogiochi. ......
9. Ti ho fatto una domanda. ......
10. Mi ha descritto la situazione. ......

7. Ergänzen Sie die Sätze mit den Dativpronomen *mi, ti, le, gli* usw. ★★

1. Hai incontrato Marco, *gli* hai già parlato?
2. È venuto da me e ...... ha raccontato tutto.
3. Il bambino è sazio, ... ho dato da mangiare poco fa.
4. Signori, consiglio ...... un vino rosso francese.
5. Scusa Luca, ... posso fare una domanda?
6. Hai visto Paolo? ...... ha chiesto di me?
7. Signora, ... posso essere utile?
8. Accomodatevi, ... offro un caffè?
9. Antonella è molto buona, ... voglio molto bene.
10. Papà, per favore, ... presti la macchina stasera?
11. Hai tempo domani? Marta ...... ha invitati a cena!
12. Carla, Luigi, ... è piaciuto lo spettacolo?

* **finire** *hier:* landen

8. Beantworten Sie die folgenden Fragen mit den entsprechenden Dativpronomen und verwenden Sie dabei die italienischen Formen der in Klammern angegebenen Adverbien. ★★

1. — Ti piace il prosciutto? — *Sì, mi piace molto* . (sehr)
2. — Vi scrivono regolarmente? — .... (nie)
3. — Ti interessa la musica classica? — .... (sehr)
4. — Hai già telefonato a Gianni? — .... (morgen)
5. — Hai già telefonato a Chiara? — .... (gestern)

9. Übersetzen Sie die folgenden Sätze. ★★

1. Ich helfe ihm.
   Lo aiuto.
2. Hast du sie schon angerufen?
   ....
3. Er hat ihn bereits alles gefragt.
   ....
4. Was hast du ihr geantwortet?
   ....
5. Begleitest du ihn zur Tür?
   ....
6. Er hat uns nicht informiert.
   ....
7. Frau Maier, ich telefoniere morgen mit Ihnen.
   ....
8. Ich sehe sie jeden Nachmittag.
   ....
9. Die Schüler haben ihr gut zugehört.
   ....
10. Ich bedanke mich bei dir.
   ....

6 Die Pronominaladverbien *ci* und *ne*

1. Suchen Sie zu jeder Frage die passende Antwort. ★★

1. A che ora se ne è andata tua madre? [c]
2. Che ne pensano i tuoi genitori della tua decisione? [ ]
3. Sei rimasta a lungo in biblioteca? [ ]
4. Hai già sentito l'ultima notizia? Ne parlano tutti i giornali. [ ]
5. Da quanto tempo abitano in campagna i signori De Santis? [ ]
6. Che ne pensi di quelle persone? [ ]
7. È un mercato dell'antiquariato molto famoso, ci si trovano oggetti molto rari, vuoi venire con noi? [ ]
8. Ci abbiamo pensato tutto il giorno, ma non siamo riusciti a risolvere il problema. Cosa possiamo fare? [ ]

a) Sì, lo dico anche a Giulia così ci viene anche lei.
b) No, non ne so ancora niente.
c) Se ne è andata alle 19.00. ✔
d) Non credo che ci si possa fidare di loro.
e) Ci abitano da tre anni.
f) Sì, ci sono rimasta tutto il pomeriggio.
g) Ne dovreste parlare con il vostro direttore.
h) Che è un po' affrettata.

2. Ergänzen Sie die kurzen Dialoge mit *ci* bzw. *ne*. ★★

1. — Che *ne* dite di andare al mare questo fine settimana?

   — Oh, sì, sarebbe bello. .... potremmo andare giovedì o venerdì e star........ fino a domenica sera.

   — .... andiamo con la mia macchina o con la vostra?

   — Possiamo partire con la nostra, che è più grande. Che .... pensi di dirlo anche a Carlo e Susanna?

   — .... sarebbero davvero felici. .... tenevano tanto a trascorrere qualche giorno di vacanza con noi.

2. — Hai già visitato il Mausoleo di Augusto dopo il suo restauro?

   — No, non .... sono ancora andato, ma spero di andar .... presto.

3. — Che .... pensi dell'ultimo CD di Zucchero?

   — Non .... ho idea, non .... conosco neanche una di canzone, ma vorrei andare a vedere il suo concerto all'arena di Verona.

   — Buona idea, potremmo andar.................... insieme!

3. Beantworten Sie folgende Fragen. Verwenden Sie *ci* und die italienischen Formen der in Klammern angegebenen Wörter. ★★

1. — Quando andate a Roma? — *Ci andiamo domani.* (morgen)
2. — Vieni a trovarmi in montagna? — .... (Sonntag)
3. — Chi viene con me a teatro? — .... (ich)
4. — Vuoi venire al mare con noi? — .... (gerne)
5. — Quando andate a fare spese? — .... (um 16.00 Uhr)
6. — Come stai in questa città? — .... (gut)
7. — Venite in vacanza con noi in estate? — .... (gerne)
8. — Quanto tempo rimani a Zurigo? — .... (eine Woche)
9. — Quando sei andata all'università? — .... (gestern)
10. — Quando tornerai in Italia? — .... (bald)

4. Ergänzen Sie die Sätze mit der richtigen Form der folgenden Verben. Achten Sie jeweils auf *ci* und *ne*. ★★

valerne farci ✔ capirci saperne andarsene poterne starsene crederci

1. Non *farci* caso. Mario è sempre di cattivo umore.
2. Non .... più! Quella donna è davvero noiosa, telefona tutti i giorni.
3. Questi esercizi di matematica sono terribili. Non .... niente.
4. .... davvero la pena di vedere questa mostra, è bellissima.

5. È un ragazzo molto pigro, ... tutto il giorno a letto.
6. Non posso ...., hanno perso tutto con un investimento sbagliato.
7. Si da un sacco di arie, ma non .... niente di politica.
8. Deve essere molto arrabbiata, perché .... senza salutare.

5. Ergänzen Sie die Dialoge mit den Pronomen *ci* und *ne*. Achten Sie bei den zusammengesetzen Zeiten auf die Endungen. ★★

1. — Hai pensato alla mia proposta?

   — No, non ...ci... ho pensat...o....
2. — A che ora sei andata dal dottore?

   — .... sono andat.......... alle 18.00.
3. — Quanti errori di grammatica hai fatto?

   — .... ho fatti.......... solo due.
4. — Avete pensato alla vostra famiglia?

   — Sì, ... abbiamo pensat.......... molto.
5. — Hai spedito molte domande di lavoro?

   — .... ho spedit.......... almeno venti.
6. — Quando siete andati al cinema?

   — .... siamo andat.......... sabato.
7. — Signora, ha creduto alle sue parole?

   — No, non .... ho credut.......... affatto.
8. — Quanti esercizi avete fatto?

   — Non .... abbiamo fatt.......... nessuno.
9. — Ti sono piaciute le sue canzoni?

   — Me .... sono piaciut.......... solo due.
10. — Quanti posti a teatro hai riservato?

    — .... ho riservat.......... quattro.

7 Die Doppelpronomen

1. Ergänzen Sie die Tabelle mit den Doppelpronomen. ★★

	la	**le**	**lo**	**li**	**ne**
mi					me ne
ti		te le			
le **gli** **Le**				glieli	
ci	ce la				
vi			ve lo		
gli **loro**		gliele			

2. Beantworten Sie folgende Fragen mit den Doppelpronomen aus der Tabelle. ★★

1. Hai già offerto un caffè a Maria?
   Sì, gliel'ho già offerto. (*ja, bereits*)
2. Quando hai consegnato la lettera ai tuoi genitori?
   ………………………………………… . (*gestern*)
3. Quanti esercizi Le restano ancora?
   ………………………………………… . (*drei*)
4. Puoi prestarmi i tuoi libri?
   ………………………………………… . (*nein*)
5. Quando mi restituite la macchina fotografica?
   ………………………………………… . (*nächste Woche*)
6. Ci hai preparato la cena?
   ………………………………………… . (*noch nicht*)
7. Quando vi siete accorti dell'errore?
   ………………………………………… . (*vor kurzem*)

3. Übersetzen Sie folgende Sätze. ★★

1. Ich habe es ihm schon gesagt.
   (lo) gliel'ho già detto.
2. Kannst du sie *(f., Pl.)* mir ausleihen?
3. Hast du seine Spielsachen? Könntest du sie mir zurückgeben?
4. Mama, bitte kaufe sie *(m., Pl.)* mir!
5. Sag es ihm, er wird dich schon verstehen!
6. Hast du es ihr schon erzählt?
7. Haben sie dich schon danach gefragt?
8. Was denkst du? Könnten wir sie *(m., Pl.)* uns doch kaufen?
9. Der Professor hat es uns ganz verständlich erklärt.
10. Jenes Kleid ist wirklich schön. Du solltest es dir kaufen!

4. Ersetzen Sie die unterstrichenen Wörter durch die entsprechenden Doppelpronomen. ★★

1. Alberto non <u>ti</u> ha detto <u>la verità</u>. Non te l'ha detta.
2. Il postino non vi ha ancora consegnato <u>il pacco</u>.
3. Hai già letto <u>la favola al bambino</u>?
4. Avete già ordinato <u>la pizza al cameriere</u>?
5. Non hanno ancora preparato <u>la cena alla figlia</u>.
6. Le avete già fatto vedere <u>le foto del battesimo</u>*?

* **il battesimo** die Taufe

5. Ersetzen Sie die unterstrichenen Wörter durch die Doppelpronomen. ★★

1. Hai comprato una nuova chiavetta USB a Sara? ....
2. Chi vi ha consigliato questo ristorante? ....
3. Quando ti hanno spedito le fatture*? ....
4. Hai consegnato i moduli d'iscrizione alla segretaria? ....

6. Diese Sätze sind beim Schreiben total durcheinandergeraten. Ordnen Sie sie wieder richtig zu! ★★

1. — Chi ti ha regalato questa collana? [e]
2. — Chi ha detto ad Enrico dello sciopero? [ ]
3. — Quando ci fai vedere le foto del tuo viaggio in America? [ ]
4. — Quando le racconterai tutto? [ ]
5. — Quando ti comprerai dei nuovi occhiali? [ ]
6. — Mi dai il tuo nuovo indirizzo? [ ]
7. — Dove hai preso queste figurine*? [ ]
8. — Chi le ha regalato quegli orecchini così belli? [ ]
9. — Quando gli porteranno il nuovo divano? [ ]
10. — Quando saprete l'esito degli esami? [ ]

a) — Glieli ha regalati suo marito.
b) — Te lo do subito.
c) — Glielo racconterò quando si sarà calmata.
d) — Me le hanno regalate a scuola.
e) — Me l'hanno regalata i miei genitori. ✔
f) — Gliel'ha detto sua sorella.
g) — Glielo porteranno il prossimo mese.
h) — Me li comprerò a luglio.
i) — Ce lo comunicheranno giovedì.
j) — Ve le faccio vedere la prossima settimana.

* **la fattura** die Rechnung; **le figurine** die Bildchen *(z. B. von Fußballspielern)*

8 Die Demonstrativpronomen

1. Setzen Sie die richtigen Demonstrativpronomen ein. ★

1. questa / quella borsa
2. .... / .... orologi
3. .... / .... macchine
4. .... / .... automobile
5. .... / .... fiore
6. .... / .... isole
7. .... / .... nuvola
8. .... / .... cappotto
9. .... / .... uomo
10. .... / .... errori

2. Setzen Sie die richtigen Formen von *quello* ein und ordnen Sie die Antworten den passenden Fragen zu. ★★

1. — Chi è .... uomo anziano?
2. — Chi è quel ragazzo? — d
3. — Chi è .... signora?
4. — Chi è .... signore?
5. — Chi sono .... bambini?
6. — Chi è .... donna?
7. — Di dove sono .... studenti?
8. — Chi è .... bambino?
9. — Chi sono .... ragazze?
10. — Chi è .... uomo?

a) — È la mia insegnante.
b) — È mia madre.
c) — Sono americani.
d) — È Renzo, un mio amico.
e) — È mio nipote.
f) — Sono due amiche di mia sorella.
g) — È mio nonno.
h) — È il nuovo insegnante d'inglese.
i) — È mio padre.
j) — Sono i miei figli.

3. Ergänzen Sie die Sätze mit den folgenden Demonstrativpronomen. Achten Sie dabei auf die richtigen Endungen. ★★

medesimo questo ✔ stesso ✔ stesso colui quello codesto stesso medesimo stesso

1. Questa .... discoteca è noiosa, ci sono sempre le stesse .... persone.
2. Perché non mi ascolti mai? Ti devo sempre ripetere le .... cose.
3. .... è un dimostrativo un po' antiquato.
4. Si sono separati, ma vivono ancora sotto lo .... tetto.
5. Qualche volta lo sorprendo a parlare con se ....
6. .... che si comporterà bene riceverà un bel premio.
7. Ogni anno in estate si ripete la .... storia: lui vuole andare al mare e lei in montagna.
8. .... ragazzi che vedi laggiù, li ho incontrati ieri sera in pizzeria.
9. Per me è lo ...., possiamo prendere anche la mia macchina.

4. *Questo* oder *quello*? Ergänzen Sie die kurzen Dialoge mit den richtigen Demonstrativpronomen. ★★

1. — Guarda .... vestito qui, ti piace?
   — Sì, è carino, ma .... lì è più bello.
2. — Quanto costa .... anello lì?
   — Quale? .... qui con i rubini?
3. — Vedete .... studenti lì?
   — Quali? .... accanto alla cabina telefonica o .... vicino alla banca?
4. — Preferisci .... lampada qui o .... lì?
   — Preferisco .... qui.
5. — .... ragazzo lì è mio cugino.
   — Quale? .... con gli occhiali o .... senza?

9 Die Possessivpronomen

1. Ergänzen Sie die Tabelle. ★

la mia	....	*il mio*	....
....	*le tue*	....	*i tuoi*
....	....	*il suo*	....
....	*le nostre*	....	....
la vostra	....	....	....
....	....	....	*i loro*

2. Ersetzen Sie die unterstrichenen Wörter durch die Possessivpronomen. ★

1. Il libro di Piero è interessante. *Il suo libro* è interessante.
2. La macchina di Rita è nuova. ....
3. Le scarpe di Anna sono moderne. ....
4. I genitori di Claudio sono simpatici. ....
5. L'orologio di Maria è originale. ....
6. La valigia di Marco è pesante. ....
7. Il cane di Francesca è buono. ....
8. I mobili di Teresa sono moderni. ....

3. Setzen Sie die Sätze in den Plural. ★

1. Mia sorella vive in Italia. *Le mie sorelle vivono in Italia.*
2. Mia zia abita a Roma. ....
3. Mio nonno è anziano. ....
4. Mia cugina è molto carina. ....
5. Mio nipote è vivace. ....
6. Mia cognata è straniera. ....

4. *Tu* oder *Lei*? Formulieren Sie die Fragen um. ★

	tu	Lei
1.	Come si chiama tuo marito?	*Come si chiama Suo marito?*
2.	Va ancora a scuola tua figlia?	....
3.	....	Dov'è la Sua borsa?
4.	È italiana la tua famiglia?	....
5.	....	Quando arriva la Sua nuova macchina?
6.	Sono sul tavolo i tuoi occhiali?	....
7.	....	Trascorre le feste con la Sua famiglia?
8.	....	È sposato Suo fratello?
9.	Dove abitano le tue amiche?	....
10.	....	È numerosa la Sua famiglia?

5. Übersetzen Sie folgende Sätze. ★★

1. Gefällt dir meine Brille?
   Ti piacciono i miei occhiali?
2. Mein Bruder ist nach Amerika geflogen.
   ....
3. Unsere Arbeit ist wirklich interessant.
   ....
4. Meine älteste Schwester ist seit einem Jahr verheiratet.
   ....
5. Gestern habe ich meine Freunde besucht und ihr neues Haus besichtigt.
   ....
6. Ciro hat seine Stadt verlassen, weil er dort keine Arbeit fand.
   ....
7. Die Mitglieder der Gesellschaft waren mit seinem Vorschlag nicht einverstanden.
   ....

8. Herr Professor, Ihre Bücher sind auf dem Tisch.

....

9. Ihr Vater ist ein berühmter Journalist.

....

10. Unsere Kinder sind sieben und vier Jahre alt.

....

11. Kennst du ihre Mutter? (von ihnen)

....

12. Dein Vater hat heute angerufen.

....

6. Ergänzen Sie den Dialog mit den passenden Possessivpronomen. Achten Sie dabei auf den Artikel und – wo nötig – auf die richtige Präposition. ★★

— Ciao Carla, hai visto *le mie* ...... ① chiavi della macchina?

— Sì, le ha prese .... ② fratello, ma è già uscito!

— E dove è andato con .... ③ macchina?

— Credo volesse andare a trovare .... ④ amici inglesi, ma prima passava a prendere .... ⑤ ragazza.

— Grazie per l'informazione. Lo chiamerò .... ⑥ cellulare*. Io però ho un appuntamento di lavoro molto urgente. Potresti prestarmi .... ⑦ macchina?

— Certamente! Le chiavi sono .... ⑧ borsa.

— Ti ringrazio, ciao!!!

— Ciao, a presto.

* **il cellulare** das Handy

10 Die Indefinitpronomen

1. Diese Sätze sind leider durcheinandergeraten. Ordnen Sie sie wieder richtig zu. ★★★

1. Dite che non ci sono [h]
2. Non c'è proprio [ ]
3. È rimasto senza parole, [ ]
4. Lui dice di no, [ ]
5. La segretaria consegnò [ ]
6. Non riesce a montare la serra*, [ ]
7. È un bambino molto ingenuo* [ ]
8. Non riescono ad accordarsi*, [ ]
9. Quando dorme [ ]
10. Il telefono squillò alle due di notte, [ ]

a) ad ognuno un modulo da compilare.
b) qualcuno dall'altro capo del telefono parlò in un modo incomprensibile.
c) c'è qualcosa di errato nel foglio illustrativo.
d) ognuno di loro vuole avere ragione.
e) non ha proprio più nulla da dire.
f) niente riesce a svegliarlo.
g) niente da fare.
h) a chiunque mi cerchi. ✔
i) ma qualcosa deve essergli accaduto per comportarsi così.
j) che crede alle parole di chiunque.

* **la serra** das Gewächshaus; **ingenuo** naiv; **accordarsi** sich einigen

2. Setzen Sie jeweils zweimal folgende Indefinitpronomen (adjektivischer Gebrauch) ein. ★★

certo ✔ ogni qualche qualsiasi qualunque

1. Ha telefonato una certa .... signora Carla.
2. .... cosa faccia gli riesce sempre bene.
3. Hai .... giorno libero? Io ne ho ancora tre.
4. Quando era malato, andavo .... giorno a trovarlo.
5. .... libro tu sceglierai, avrai sempre fatto un'ottima scelta.
6. .... persona deve essere responsabile delle proprie azioni.
7. .... gente è davvero impossibile, vuole sempre avere ragione.
8. Siamo disposti ad assecondarli, ... decisione loro prendano.
9. In .... situazione bisogna avere molto coraggio.
10. .... persona incontravo mi assicurava di averlo visto.

3. Vermerken Sie in den Kästchen, ob die unterstrichenen Indefinitpronomen adjektivisch (A) oder pronominal (P) verwendet werden. ★★

1. <u>Nessuna</u> di quelle persone parla tedesco. [P]
2. Ci sono <u>molte</u> persone che non amano la montagna. [ ]
3. <u>Ciascuno</u> dei partecipanti alla gara ricevette un premio di consolazione. [ ]
4. Gli uni e gli <u>altri</u> devono presentarsi domani mattina in ufficio alle ore 8.00. [ ]
5. Erano rimaste solo <u>poche</u> persone ad ascoltarlo. [ ]
6. Tutti avevano studiato, tuttavia <u>nessuno</u> seppe rispondere alla domanda dell'insegnante. [ ]
7. <u>Pochi</u> parlano bene il giapponese. [ ]
8. Si notava un <u>certo</u> nervosismo nell'aria, tutti gli atleti erano molto tesi. [ ]

11 Die Interrogativpronomen und -adverbien

1. Suchen Sie zu jeder Frage die passende Antwort. ★

1. A che ora partiamo?
2. Quando torni a casa?
3. Con chi vai a teatro?
4. Carlo, quanti anni hai?
5. Che cosa hai mangiato?
6. Chi viene con me al bar?
7. Di che colore sono le tue scarpe?
8. Come si chiama tua sorella?
9. Chi ti ha telefonato oggi?
10. Quale autobus prendi?

a) Ci vado con Eleonora.
b) Ho mangiato un'arancia.
c) Ci vengo io.
d) Il padrone di casa.
e) Sono nere.
f) Partiamo alle 15.00.
g) Antonella.
h) Il 64.
i) Torno dopodomani.
j) Ho vent'anni.

2. Ergänzen Sie die Sätze mit den folgenden Interrogativpronomen. ★★

quanti che dove quando come quale perché chi ✔
che cosa che quanto chi perché

1. *Chi* è la signora che ti ha salutato?
2. A .... ora hai appuntamento dal dottore?
3. .... tempo ti sei fermato a Roma?
4. Ma .... arrivano? È un'ora che aspetto!
5. .... è il tuo cantante italiano preferito?
6. .... siete stati tutto questo tempo?
7. .... ti chiami?
8. .... facciamo stasera?
9. .... mi fai tutte queste domande?
10. .... spettatori c'erano al concerto?
11. Di .... sono questi guanti?
12. .... sei stato licenziato?
13. Di .... colore è la tua macchina?

3. Formulieren Sie zu jeder Antwort die entsprechende Frage. ★★

1. — *Dove andate domani?*
   — Domani andiamo al mare.
2. — ……
   — Prendo un caffè, grazie.
3. — ……
   — I negozi la mattina aprono alle 9.00.
4. — ……
   — Ti telefono domani.
5. — ……
   — Questa sera andiamo in discoteca.
6. — ……
   — Sto telefonando a Marco.
7. — ……
   — Ho invitato trenta persone.

4. Übersetzen Sie: ★★

1. Mit wem hast du vorhin gesprochen?
   Con chi parlavi prima?
2. Was ist dir geschehen?
   ……
3. Worüber hat der Professor heute geredet?
   ……
4. In welchem Jahr ist sie geboren?
   ……
5. Wie lautet deine Telefonnummer?
   ……
6. Wie heißt du?
   ……
7. Wie spät ist es?
   ……

12 Die Relativpronomen

1. Bilden Sie Relativsätze mit dem Relativpronomen *che*. ★★

1. Quel ragazzo sulle scale. Il ragazzo è mio fratello.
   Quel ragazzo che è sulle scale è mio fratello.
2. Il libro nella borsa. Il libro è di Paola.
   ……………………
3. La macchina parcheggiata qui davanti. La macchina è di Luigi.
   ……………………
4. Il treno sul binario 3. Il treno va a Venezia.
   ……………………
5. Mario, mi puoi restituire il libro? Ieri ti ho prestato il libro.
   ……………………
6. Ho parlato con un tuo amico. Il tuo amico mi ha pregato di salutarti.
   ……………………
7. Ieri ho incontrato degli amici. Non vedevo gli amici da tanto tempo.
   ……………………
8. La famiglia abita nella nuova casa. Non conosciamo la famiglia.
   ……………………
9. Gli studenti sostengono l'esame. Gli studenti sono numerosi.
   ……………………
10. Maria ha ricevuto dei fiori. I fiori sono molto belli.
   ……………………

2. *Chi* oder *che*? Wie lautet das richtige Relativpronomen? ★★

1. *Chi* ha studiato, alzi la mano!
2. Mi passi il bicchiere …………… sta sul tavolo, per favore?
3. …………… vivrà, vedrà.
4. Il libro …………… mi hai regalato è veramente avvincente.*

* **avvincente** packend

5. Roberta proprio non sopporta .... dice le bugie.
6. Il treno .... ho preso all'andata era un po' in ritardo.
7. .... dorme non piglia pesci.*
8. La situazione politica ed economica .... trovammo in quel paese era disastrosa.
9. .... vuole venire domani con me a Roma, dovrà alzarsi molto presto.
10. Gli atleti .... partecipano alle Olimpiadi sono i migliori del mondo.

3. Setzen Sie in die folgenden Sätze das Relativpronomen *cui* und die jeweils passende Präposition ein. ★★

1. Gli amici con .... cui .... mi incontro la sera sono simpatici.
2. La ragazza .... ti parlavo ieri è partita per Parigi.
3. Sono pochissime le persone .... telefona Giovanna.
4. La città .... abito ha molti monumenti antichi.
5. Ci sono molti animali in via di estinzione, ... la tigre siberiana.
6. Il treno .... stava viaggiando era un intercity.
7. Il motivo .... vollero partire prima, è sempre rimasto un mistero.
8. Il dottore .... va Chiara è molto gentile.
9. Gli amici .... faccio affidamento sono davvero pochi.
10. Gli spettatori, ... mi trovavo seduto allo stadio, vanno tutte le domeniche a vedere le partite.
11. Il ristorante .... spesso mangiamo è gestito da una famiglia italiana.
12. Le macchine .... ho parcheggiato sono due Porsche.
13. La famiglia .... ho abitato a Londra era molto gentile.
14. Le due donne, ... siedo in quella vecchia foto, erano le mie zie.

* **... dorme non piglia pesci.** Wer zuerst kommt, mahlt zuerst.

4. Ersetzen Sie *cui* durch die entsprechenden Formen von *il quale*. ★★

1. Quello è il giudice da cui dipendono le sorti dell'imputato.
   Quello è il giudice dal quale dipendono le sorti dell'imputato.
2. "La vita è bella" è il film con cui Roberto Benigni ha vinto 3 oscar.
   ....
3. La ragazza di cui ti sto parlando dovrà sostenere tra un mese l'esame di laurea.
   ....
4. La signora a cui ho telefonato questa mattina è di Parma.
   ....
5. Ci sono molte cose di cui non ti ha ancora parlato.
   ....
6. La casa in cui vivono è piuttosto vecchia, dovrebbe essere ristrutturata.
   ....
7. Non è riuscito a passare l'esame per cui stava studiando da tanti mesi.
   ....
8. La persona a cui sto scrivendo questa e-mail è una mia carissima amica.
   ....

5. Ergänzen Sie die Relativpronomen. Achten Sie dabei auch auf die Präpositionen! ★★

1. Sandra è arrivata nel momento *in cui* stavo rientrando a casa.
2. Quella è la ragazza .... mi ha rivenduto il libro di italiano.
3. La linea aerea .... ho volato è l'Alitalia.
4. Non riesco più a trovare il quotidiano .... ho acquistato stamattina.
5. È una persona .... contavo, ma mi ha deluso moltissimo.
6. Il negozio .... lavorava Lucia si è trasferito altrove.
7. Gli studenti .... frequentano il corso sono sempre molto allegri.
8. La persona .... mi sono fermato a parlare è un mio vecchio professore d'italiano.

13 Das Adjektiv

1. Ergänzen Sie die richtigen Endungen. ★★

la cas*a* .... spazios*a* ....
il professor....... gentil.......
le man....... piccol.......
la penn....... stilografic.......
i bambin....... diligent.......
la pizz....... saporit.......
i tren....... puntual.......
i pesc....... colorat.......

2. Welches Adjektiv gehört zu welchem Substantiv? ★★

1. la stanza
2. il gatto
3. la lezione
4. il bicchiere
5. lo studente
6. il vestito
7. la rosa
8. lo scolaro
9. il mobile
10. la casa

a) antico
b) luminosa
c) stretto
d) intelligente
e) interessante
f) accogliente
g) diligente
h) nero
i) vuoto
j) rossa

3. Ergänzen Sie die entsprechenden Singularformen. ★★

1. *la nuvola grigia* ← le nuvole grigie
2. .... ← gli orologi precisi
3. .... ← i mobili moderni
4. .... ← gli stranieri ricchi
5. .... ← le studentesse straniere
6. .... ← gli animali feroci
7. .... ← i bar italiani
8. .... ← le macchine veloci
9. .... ← i film interessanti

4. Beantworten Sie die folgenden Fragen. Verwenden Sie dabei die italienische Form der in Klammern angegebenen Adjektive. ★★

1. Come è il programma? *Il programma è interessante.* *(interessant)*
2. Di che colore sono le piante? .... *(grün)*
3. Come è la lezione? .... *(langweilig)*
4. Come è la bottiglia? .... *(voll)*
5. Di che nazionalità è lo studente? .... *(deutsch)*
6. Come è il ristorante? .... *(teuer)*
7. Come è il vestito? .... *(elegant)*
8. Come è il corso d'italiano? .... *(schwer)*
9. Come sono le valigie? .... *(sehr schwer)*
10. Come è la frutta? .... *(reif)*
11. Di che colore è il tuo maglione nuovo? .... *(rot)*
12. Come è il romanzo? .... *(schön)*

5. Übersetzen Sie. ★★

1. Ich habe ein deutsches Auto. *(Io) ho una macchina tedesca.*
2. Wir haben einen kleinen Hund. ....
3. Benigni ist ein italienischer Schauspieler. ....
4. Paolo wohnt in diesem großen Haus. ....
5. Im Sommer sind die Wiesen sehr grün. ....
6. Sie sind reich, sie haben viel Geld. ....
7. Ihr Schlafzimmer ist sehr hell. ....
8. Andreas ist ein sehr schlaues Kind. ....
9. Diese Fotos sind schön. ....
10. Das Wetter ist heute schlecht, es regnet. ....

6. Füllen Sie die Lücken mit den richtigen Formen von *quello* und *bello.* ★

1. Oggi fa *bel* tempo, potremmo fare una passeggiata.
2. Che .... scarpe! Dove le hai comprate?
3. Come si chiama .... ragazzo che mi hai presentato ieri sera?
4. Per il suo compleanno Luca ha ricevuto molti .... regali.
5. Mio padre lavora in .... ufficio vicino alla stazione.
6. Mio cugino ha comprato una .... macchina sportiva.
7. Ieri Antonella ha acquistato un .... orologio.
8. Di chi è .... rivista sul tavolo? È tua?
9. .... studenti arrivano sempre tardi a lezione.
10. Roma è una città molto .... e ricca di storia.

7. Ergänzen Sie die fehlenden Endungen. ★★

Lo scors...... ① anno ho trascorso delle meraviglios...... ② vacanze in Sicilia, che è l'isola più grand...... ③ del Mar Mediterraneo ed un luogo ricc...... ④ di storia, cultura e bellezze natural...... ⑤.
In Sicilia non ci si annoia mai, ci sono molt...... ⑥ cose da vedere: antich...... ⑦ tempi grec...... ⑧, chiese e palazzi normann...... ⑨ o barocch...... ⑩ e mosaici magnific...... ⑪. Anche i suoi paesaggi sono affascinant...... ⑫, ma soprattutto la gente è cordial...... ⑬ ed apert...... ⑭. I siciliani sono persone davvero ospital...... ⑮ e la loro cucina, a base di pesce e verdure fresch...... ⑯, è rinomat...... ⑰ per la sua bontà e il suo particolar...... ⑱ gusto. Altra caratteristica dell'isola sono le piantagioni di agrumi* profumat...... ⑲ che contribuiscono a rendere la Sicilia unic...... ⑳ al mondo.

* **gli agrumi** die Zitrusfrüchte

14 Das Adverb

1. Bilden Sie zu den folgenden Adjektiven die Adverbialform. ★★

1. cortese → *cortesemente*
2. leggero → ......
3. naturale → ......
4. raro → ......
5. personale → ......
6. vero → ......
7. erroneo → ......
8. urgente → ......
9. lungo → ......
10. caldo → ......

2. Bilden Sie Sätze nach dem vorgegebenen Muster. ★★

1. molto - incontro - la - raramente
   La incontro molto raramente.
2. sera - ho - ieri - mangiato - bene - veramente
   ......
3. ragazza - una - è - simpatica - Rosa - davvero
   ......
4. giornata - bella - una - molto - è - oggi
   ......
5. veramente - libro - quel - interessante - è
   ......
6. cose - Ginevra - divertenti - dice - molto - sempre
   ......
7. tuo - ieri - compleanno - dimenticato - il - ho - scusami
   ......

3. Ergänzen Sie die passenden Adverbien. ★★

ieri sempre anche ✔ molto bene più troppo bene più attentamente

1. Anche .... io vengo dall'Italia.
2. .... mi sono svegliata alle 6.00 del mattino.
3. Non abbiamo .... soldi, dobbiamo tornare a casa.
4. L'inizio è .... difficile.
5. La tua insegnante ha detto che devi ascoltare più .... e non ti devi distrarre.
6. Speriamo che vada tutto ....
7. Non fa .... sport da un anno.
8. Mi pare che Luigi chiacchieri ....
9. I bambini hanno cantato e suonato ....

4. Adjektiv oder Adverb? Ergänzen Sie die richtige Form. ★★

1. attento – attentamente

   La polizia ha controllato attentamente .... tutte le auto.
2. eleganti – elegantemente

   Carlo compra sempre delle camicie ....
3. bene – buona

   Questa pizza è veramente ....
4. vero – veramente

   L'ultimo film di quel regista era .... interessante.
5. stanchi – stancamente

   Ogni volta che tornano dalla gita sono molto ....
6. felici – felicemente

   Sono .... sposati da un anno.

7. originalmente – originale

   È un libro molto bello, la trama del racconto è ....

8. urgente – urgentemente

   È arrivata una lettera per te, è ....

9. urgentemente – urgente

   Mia sorella ha .... bisogno della macchina.

10. luminosa – luminosamente

    Hanno comprato una casa assolata e ....

5. Übersetzen Sie folgende Sätze. Achten Sie dabei auf die Stellung des Adverbs. ★★

1. Es ist sehr spät.

   È molto tardi.

2. Giulia ist sehr anfällig, sie ist ständig krank.

   ....

3. Die Inflation ist leicht gestiegen.

   ....

4. Meine Kinder gehen nie früh ins Bett.

   ....

5. Sie spricht vier Sprachen sehr gut.

   ....

6. Und nun, gehen wir spazieren?

   ....

7. Ich komme gleich!

   ....

8. Was hast du gestern gemacht?

   ....

9. Seine Schwägerin isst nur vegetarisch.

   ....

10. Nach dem Krieg waren viele Städte vollkommen zerstört.

    ....

15 Die Steigerung

1. Bilden Sie Sätze nach folgendem Muster: *

Sandro - diligente - Mario
Sandro è più diligente di Mario.
Sandro è meno diligente di Mario.
Sandro è tanto diligente quanto Mario.

1. Claudio - bravo - Marco

   ....

   ....

   ....

2. Marta - bella - Rosa

   ....

   ....

   ....

3. Roberto - pigro - Massimo

   ....

   ....

   ....

4. Elsa - magra - Antonella

   ....

   ....

   ....

5. Luca - vivace - Andrea

   ....

   ....

   ....

6. Angela - alta - Paola

   ....

   ....

   ....

2. *Di* oder *che*? Bilden Sie den *comparativo di maggioranza*. ★★

1. È *più* facile capire *che* parlare una lingua.
2. Le Alpi sono .... alte .... Appennini.
3. I tedeschi leggono .... libri .... italiani.
4. Viaggiare in treno è .... piacevole .... viaggiare in macchina.
5. In Germania ci sono .... boschi .... in Italia.
6. Roma è .... grande .... Firenze.
7. La Ferrari è .... bella .... McLaren.
8. Sciare è .... divertente .... giocare a golf.
9. L'italiano è .... difficile .... tedesco.
10. Clara studia .... te.
11. Gianni è .... alto .... Mario.
12. Febbraio è .... breve .... marzo.

3. *Di* oder *che*? Bilden Sie den *comparativo di minoranza*. ★★

1. I giornali sono *meno* interessanti *dei* libri.
2. Quella ragazza è .... simpatica .... tua sorella.
3. La motocicletta è .... veloce .... macchina.
4. Laura conosce .... Roma .... Monaco.
5. La casa dei miei genitori è .... grande .... mia.
6. Questa torta è .... buona .... bella.
7. Il fiume Po è .... lungo .... Reno*.
8. Lavorare è .... piacevole .... oziare*.
9. Questo arrosto è .... gustoso .... altro.
10. Andare in bicicletta è .... faticoso .... andare a piedi.

* **il Reno** der Rhein; **oziare** faulenzen

4. Ergänzen Sie den Text mit dem *superlativo assoluto*. ★★

altissima sporchissimo pessima ✔ affollatissimo* prossimo pessimo molto arrabbiato tardissimo caldissima molto affamato bagnatissimo tardissimo freddissima bellissima

Caro diario,

Ieri ho avuto una pessima ① giornata. Mi sono svegliato ____________ ② perché non ho sentito la sveglia. Sono corso alla stazione ma il treno diretto* per Domodossola era già partito, così ho aspettato il ____________ ③ che sfortunatamente era un treno locale* ____________ ④. Quando sono arrivato in ufficio il direttore era ____________ ⑤ per il mio ritardo.

All'ora di pranzo sono andato al ristorante con un mio collega perché ero ____________ ⑥. La cameriera, per errore, mi ha rovesciato addosso un piatto di minestra ____________ ⑦.

Quando siamo usciti il mio completo era ____________ ⑧ e ____________ ⑨. Stavo tornando alla stazione in quello stato pietoso*, quando una macchina ad ____________ ⑩ velocità mi ha quasi investito.

La sera sono tornato a casa in un ____________ ⑪ stato; speravo di trovare mia moglie per raccontarle tutto, ma lei era uscita e sul tavolo c'era la cena ormai ____________ ⑫ ed un biglietto.

C'era scritto: "Ciao caro, spero che tu abbia avuto una giornata ____________ ⑬, io sono andata al cinema con Anna. Torno ____________ ⑭, non mi aspettare, Carla".

Caro diario, una giornata davvero da dimenticare!!!

* **affollatissimo** sehr voll; **il treno diretto** der Eilzug; **il treno locale** der Nahverkehrszug; **in uno stato pietoso** in einem erbärmlichen Zustand

5. Ergänzen Sie die unregelmäßigen Komparative und Superlative. ★★

migliore peggio maggiore minore superiore inferiore
ultimo prossimo primo infimo ✔

1. È un locale di *infima* fama.
2. Angelo è il .... (–) dei miei fratelli.
3. Carlo ha aspettato fino all'............, poi si è deciso a partire.
4. Il grado di preparazione di questi studenti è .... (–) alle aspettative.
5. Quella studentessa è la .... (+) della classe.
6. Si è fatto così tardi, dovrò prendere il .... treno.
7. I miei genitori abitano al piano .... (+).
8. Oggi è il mio .... giorno di vacanza.
9. Vivere in una grande città è .... (–) di quanto pensassi.
10. Elsa è la .... (+) delle tre sorelle.

6. Wie lauten die Formen des *superlativo relativo*? Ergänzen Sie die Sätze. ★★

1. Roma è *la più* importante città *d'* Italia.
2. Il falco pellegrino è .... veloce .... animali.
3. Gennaio è il mese .... freddo .... anno.
4. L'estate è .... calda .... tutte le stagioni.
5. Il Po è il fiume .... lungo .... Italia.
6. Il Gran Sasso è il monte .... alto .... Appennini.
7. La sua camera è .... luminosa .... tutta la casa.
8. La Lamborghini Diablo è la macchina .... veloce .... ci sia.
9. La tigre è .... grande .... felini.
10. Bianca è .... simpatica .... tue amiche.

16 Das Präsens

1. Diese Tabelle ist durcheinandergeraten. Bringen Sie sie wieder in Ordnung. ★

	guardare	credere	dormire
io	guardiamo	credono	dormi
tu	guardo	credete	dorme
lei, lui, Lei	guarda	credi	dormono
noi	guardi	credo	dormo
voi	guardano	crediamo	dormiamo
loro, Loro	guardate	crede	dormite

2. Diese Verben sind total durcheinandergeraten. Finden Sie die richtigen Infinitivformen! ★

1. arervola *lavorare*
2. gainamer ....
3. idreomr ....
4. ervecsir ....
5. egruarad ....
6. adiruge ....
7. ipcear ....
8. larrepa ....
9. erinif ....

3. Setzen Sie die Verben aus Übung zwei in die Lücken ein. ★

1. — A che ora finisci di lavorare?
   — Finisco ogni giorno alle 16.00.
2. — Michael, ... bene l'italiano?
   — Sì, lo ...., ma solo se parli lentamente.
3. — Da quanti anni .... la macchina?
   — La .... da tre anni.
4. — Tua sorella .... volentieri la cioccolata?
   — Sì, la .... molto volentieri.
5. — Fino a che ora .... il fine settimana?
   — Normalmente noi .... fino alle 9.00.
6. — Quella tua amica americana .... sempre così tanto?
   — Sì, a lei piace molto .... Ma non ascolta mai.
7. — .... spesso la televisione?
   — No, la .... molto raramente.
8. — A chi .... quel messaggio?
   — Lo .... ai miei amici.
9. — Tuo zio .... sempre così tanto?
   — Sì, spesso .... anche il sabato.

4. Setzen Sie die in Klammern angegebenen Verben ins Präsens. ★

1. A che ora parte il treno per Napoli? (partire)
2. Quando .... (voi – tornare) dalle vacanze?
3. Anna .... (abitare) a Venezia da due anni.
4. Noi .... (preferire) il mare alla montagna.
5. .... (tu – ascoltare) sempre la radio quando guidi?
6. Mio figlio .... (finire) presto di lavorare.

7. In questo ristorante si .... (spendere) poco e la cucina è genuina.
8. Molte persone .... (leggere) tutti i giorni il giornale.
9. Sandro .... (telefonare) sempre per sapere come stai.
10. La mattina molti italiani .... (prendere) il caffè al bar.

5. Suchen Sie die versteckten Verben. Setzen Sie anschließend die passende Präsensform in die Lücken ein. ★★

```
E S A (B E R E) B E N S E N V E G F C
F I N I R E A U F S C H L E I U E A
G L F A U G B U M S T E E G E A R P
N T A R C A N T A R E M G Ü R R N I
S C H H R L I T B R I N G E N D S R
V O R L E A E D A R E Ü E E R A E E
F A R E S R G Z U V O R R A C R H I
N A N R U E E N E I N V E E L E E G
R S P E N D E R E O B I E R E N N X
```

1. Sono terribilmente stanco, *beviamo*...... un caffè in questo bar?
2. Ha davvero una voce stupenda. Quella ragazza .... divinamente.
3. Andrea .... tutti i suoi risparmi per comprare auto da collezionismo.
4. Anna e Isa .... sempre molti libri.
5. Che cosa (tu) .... ad Antonio per il suo compleanno?
6. Questi bambini sono veramente bravi a scuola, ogni giorno .... grandi progressi.
7. (voi) .... di studiare, altrimenti non potrete andare a giocare.
8. (io) .... perfettamente il tuo problema, ma ora non posso proprio aiutarti.
9. Teresa lavora molto, ora .... anche lezioni d'italiano.
10. Mentre lavora, (lui) .... sempre l'orologio.

6. Ergänzen Sie die Sätze mit den Präsensformen der folgenden Verben: ★★

dare dire fare bere ✔ stare

1. Giancarlo non beve mai acqua minerale gassata.
2. Di domenica .... (loro) sempre una gita fuori città.
3. — Ciao Lorena, come .... ? — .... bene, grazie e tu?
4. Nicola .... sempre un sacco di bugie.
5. Scusi, mi .... una mano per favore, questa valigia è così pesante.
6. Che ne .... di questo libro? Ti piace?

7. Setzen Sie die Verben im Präsens ein. ★

Marta è (essere) ① una giovane studentessa. Lei .... (avere) ② ventidue anni e .... (studiare) ③ all'Università di Roma "La Sapienza", dove .... (frequentare) ④ il terzo anno di medicina. Marta .... (avere) ⑤ sempre poco tempo libero, perché .... (andare) ⑥ quasi tutti i giorni a lezione. La sera però, quando .... (finire) ⑦ di studiare, ... (uscire) ⑧ spesso con gli amici e tutti insieme .... (andare) ⑨ in discoteca o al cinema. Qualche volta, quando .... (essere) ⑩ stanca o .... (tornare) ⑪ tardi dall'università, ... (preferire) ⑫ restare a casa con i suoi genitori e .... (leggere) ⑬ dei libri. Durante i fine settimana lei e la sua famiglia .... (fare) ⑭ delle gite. In estate loro .... (andare) ⑮ spesso al mare, dove .... (avere) ⑯ una casa. Lì Marta .... (rilassarsi) ⑰ e .... (praticare) ⑱ anche un po' di sport, perché .... (esserci) ⑲ un bel centro sportivo.

17 Die Verben *essere* und *avere*

1. Beantworten Sie die folgenden Fragen mit den entsprechenden Formen von *essere*. ★

1. — Di dove sei? — Io *sono*.................... di Roma.
2. — Di chi sono i libri? — .... di Mario.
3. — Siete a casa stasera? — No, ... al cinema.
4. — Dove è Lucia? — .... dalla nonna.
5. — Dove siete domani? — .... a scuola.
6. — Da chi sono Luigi e Maria domani? — .... da amici.
7. — Chi è questo ragazzo nella foto? — .... un mio amico.
8. — Dove sei oggi pomeriggio? — .... in palestra.
9. — Di dov'è la tua amica? — .... di Firenze.
10. — Dov'è tuo padre? — .... in centro.
11. — Dove sono i bambini? — .... in giardino.

2. Ergänzen Sie die Tabelle. ★

	essere	avere
io	....	....
tu	....	*hai*....................
lui, lei	....	....
Lei	....	....
noi	*siamo*....................	....
voi	*siete*....................	....
loro, Loro	....	*hanno*....................

3. Ergänzen Sie die entsprechenden Formen von *avere*. ★

1. Ragazzi, *avete* .... fame?
2. Chi di voi .... l'indirizzo di Sandro?
3. I signori Carli .... le mani bucate, spendono sempre tanto.
4. Mi .... telefonato tu oggi?
5. Marco .... comprato una bella moto rossa.
6. Ieri (tu) .... incontrato mia sorella al cinema?
7. (voi) .... già deciso dove andare in vacanza quest'estate?

4. Formulieren Sie die folgenden Sätze mit *c'è/ci sono*. ★

1. La segretaria è in ufficio. *In ufficio c'è la segretaria.*
2. I vestiti sono nell'armadio. ....
3. Un parcheggio è davanti alla stazione. ....
4. L'insegnante è in classe. ....
5. La fermata dell'autobus è qui vicino. ....
6. Il gatto è sul davanzale della finestra. ....

5. *Essere* oder *avere*? Ergänzen Sie die Perfektformen mit dem richtigen Hilfsverb. ★★

1. Carla *è* .... partita ieri per l'America.
2. (io) .... assaggiato tutti i dolci.
3. Venerdì (noi) .... usciti presto dall'ufficio.
4. La mia amica .... abitato per due anni a Milano.
5. Lo scorso anno (lei) .... andata molto spesso al mare.
6. Ieri sera .... venuto Gianni a cena.
7. Luca .... terminato il corso di sci.
8. I soldati .... marciato per un'ora sotto la pioggia.

18 Das Perfekt *(il passato prossimo)* und das Partizip Perfekt

1. *Essere* oder *avere*? Mit welchem Hilfsverb bilden die folgenden Verben die zusammengesetzten Zeiten? ★★

volare ✔ camminare andare ridere viaggiare fare essere
piovere avere comprare vedere cadere telefonare venire
dimenticare nevicare vivere credere partire tornare

avere *volare* ....
....
....

essere ....
....
....

2. Wie lautet das Partizip Perfekt folgender Verben? Vorsicht! Alle sind unregelmäßig. ★★

1. leggere *letto*
2. mettere ....
3. fare ....
4. bere ....
5. dare ....
6. tradurre ....
7. rimanere ....
8. soffrire ....
9. vincere* ....
10. scrivere ....
11. ridere ....
12. nascere ....
13. perdere ....
14. dividere ....
15. aprire ....
16. scendere ....
17. riflettere* ....
18. offrire ....
19. correre ....
20. spingere ....

* **vincere** gewinnen; **riflettere** sich überlegen

3. Setzen Sie die folgenden Sätze ins Perfekt. Achten Sie dabei auch auf kleine Änderungen, z. B. bei den Zeitangaben! ★★

1. Oggi compro un vestito nuovo.
   Oggi ho comprato un vestito nuovo.
2. Chiara e Mauro vanno al cinema.
   ……………………
3. A scuola traduciamo dei testi latini molto difficili.
   ……………………
4. Perché non vieni a trovarmi?
   ……………………
5. Domenico arriva sempre in ritardo a scuola.
   ……………………
6. Che cosa fate il fine settimana?
   ……………………
7. Oggi piove ininterrottamente!
   ……………………
8. Mia sorella si sposa in autunno.
   ……………………
9. Molti artisti partecipano al concerto del primo maggio in Piazza San Giovanni.
   ……………………

4. Ergänzen Sie die fehlenden Endungen. ★

1. Il treno è arrivat*o*…… in ritardo.
2. Mario ha sentit…… molte storie, ma nessuna così affascinante come quella.
3. La sua nuova borsa mi è piaciut…… molto.
4. Maria, ti ho telefonat…… tutto il giorno, ma non c'eri.
5. Sulla regione si è abbattut…… per tutta la notte un forte temporale.
6. Hai comprat…… poi quella lampada che ti piaceva tanto?
7. Valentina e Fabio si sono conosciut…… a marzo.
8. La figlia della signora Petrucci ha sposat…… un noto avvocato.

5. Suchen Sie im Buchstabennetz (waagrecht und senkrecht) nach Partizipien der regelmäßigen bzw. unregelmäßigen Verben. Vervollständigen Sie dann die Sätze mit den Perfektformen der Verben. ★★

E	**S**	**C**	**R**	**I**	**T**	**T**	**O**	E	C	A	D	U	T	O	R	F	V
E	N	B	V	E	N	A	U	T	O	R	N	A	T	O	B	E	E
P	A	F	I	U	E	B	U	M	S	A	L	I	T	O	N	R	N
O	T	A	S	Ö	V	B	E	L	N	U	M	F	Ü	R	A	N	U
R	O	H	S	R	I	I	S	V	E	G	L	I	A	T	O	S	T
T	O	R	U	E	C	E	N	B	U	S	C	I	T	O	L	E	O
A	N	E	T	S	A	G	Z	U	V	O	R	N	A	C	H	H	I
T	A	N	O	U	T	E	D	I	M	E	N	T	I	C	A	T	O
O	Ü	S	S	E	O	N	P	E	R	T	I	T	O	E	N	N	X

1. Questa mattina ho scritto (scrivere) un messaggio alla mia amica.
2. Giulio .... (nascere) a Siena, ma vive a Roma da dieci anni.
3. La scorsa settimana Sandra .... (cadere) dalle scale.
4. I signori Melis .... (vivere) per molti anni in Germania, poi .... (tornare) in Sardegna.
5. Due ore fa .... (venire) la signora Mancini.
6. Prima di uscire Isabella .... (dimenticare) di spegnere la luce.
7. Ieri la temperatura .... (salire) fino a 39 gradi.
8. Giorgio .... (svegliarsi) tardi ed .... (uscire) senza fare colazione.
9. Ieri .... (nevicare) tutto il giorno.
10. Il Signor Salvan .... (portare) questi documenti.

6. Ergänzen Sie die fehlenden Endungen in den Antworten. ★★

1. — Sandro, hai comprato la frutta? — Sì, l'ho comprata.
2. — Nanni, hai già visto quel film? — Sì, l'ho già vist…… .
3. — Avete visitato quella città? — Sì, l'abbiamo visitat…… .
4. — Matteo, hai chiesto scusa a tuo fratello? — Sì, gliel'ho chiest…… .
5. — Sei riuscito poi a trovare Anna? — No, non ci sono riuscit…… .

7. Ergänzen Sie die fehlenden Endungen. ★★

1. — Signor Paoli, ha già letto la rivista? — No, non l'ho lett…… .
2. — Sara, hai già lavato la macchina? — Sì, l'ho lavat…… .
3. — Hai visto Teresa e Paolo ieri? — Sì, li ho incontrat…… al bar.
4. — Avete scattato anche alcune foto? — Sì, ne abbiamo scattat…… molte.
5. — Dove hanno conosciuto Marina? — L'hanno conosciut…… a Parigi.

19 Das Imperfekt *(l'imperfetto)*

1. Wie lauten die richtigen Formen des Imperfekts? Ergänzen Sie die Tabelle. ★★

	guardare	leggere	partire
io		*leggevo*	
tu			
lui, lei, Lei			*partiva*
noi	*guardavamo*		
voi	*guardavate*		
loro, Loro			

2. Bilden Sie Sätze nach dem vorgegebenen Muster. ★★

1. avevo – sabato – un – con – scorso – appuntamento – amico
   Sabato scorso avevo un appuntamento con un amico.
2. Roberto – bambino – un – era – buono – sensibile – molto – e
3. abitavo – fa – con – anni – due – ancora – i – genitori – miei
4. bambino – andava – da – Adriano – spesso – al – in – mare – vacanza
5. casa – bellissimi – sempre – da – dei – mia – vedevo – tramonti
6. casa – aveva – la – una – lago – stupenda – sul – vista
7. smesso – fare – ha – Clara – di – ma – aveva – poi – ricominciato – sport
8. mal – ieri – testa – Susanna – sera – di – aveva

9. miei – erano – i – liceo – insegnanti – molto – del – bravi

....

10. mai – casa – di – non – a – mezzanotte – tornavano – prima

....

3. Suchen Sie im Buchstabennetz (waagrecht und senkrecht) elf Verben im Infinitiv. Setzen Sie anschließend die entsprechenden Imperfektformen in die Lücken ein. ★★

A M S T O V F M T X Y L N J G O U L
I N C O N T R A R S I E N V E S F P
L S A D D O R M E N T A R S I E E O
E L C O S T A R E S T E I G E N R S
G T A R Ö D B E A N D A R E R T N S
G C H H R M I T B R I N G E N I S E
E O M A N G I A R E N Ü B E R R E D
R N E S S I G I O C A R E A C S H E
E A N R U F E N E I N V I E L I E R
I N C O N T R A R E B P O R T A R E
S T M B O R A X B L H S R O C G E I

1. Da piccola (lei) giocava sempre con i suoi nonni.
2. Ogni anno (io) .... al mare con la mia famiglia.
3. Da studenti (noi) .... sempre alla mensa dell'università.
4. Quella macchina .... troppo.
5. Ieri sera Fausto non .... bene.
6. Il fine settimana i bambini .... sempre tardi.
7. Luciana da ragazza .... sempre libri romantici.
8. Venti anni fa la gente .... meno cellulari.
9. Di sera Alfredo .... sempre con gli amici.
10. Ogni giorno (io) .... la signora Bianchi che .... il suo cane a passeggio.

4. Setzen Sie die entsprechenden Imperfektformen ein. ★★

Quando *ero* (essere) ① bambina .... (andare) ② spesso in un paesino vicino a Roma. Lì, in estate, ... (vivere) ③ i miei nonni. Noi bambine li .... (andare) ④ a trovare e .... (potere) ⑤ trascorrere sempre alcuni giorni da loro prima di partire per il mare con i nostri genitori.

La loro casa non .... (essere) ⑥ grandissima, ma molto interessante. .... (esserci) ⑦ un bel giardino e all'ultimo piano una mansarda, che loro .... (usare) ⑧ come ripostiglio. Quel luogo, grande e buio, ... (essere) ⑨ pieno di cose vecchie e curiose, che a noi .... (sembrare) ⑩ tutte molto affascinanti. In quel paesino .... (noi - avere) ⑪ anche molti amici, con i quali .... (giocare) ⑫ sempre. Per noi bambini quel luogo .... (essere) ⑬ come un piccolo paradiso, non .... (girare) ⑭ molte macchine e noi .... (potere) ⑮ correre ovunque. A volte .... (andare) ⑯ con i nonni a fare delle passeggiate in montagna e mio nonno ci .... (raccontare) ⑰ sempre delle storie fantastiche che ancora oggi ricordo con molta nostalgia.

5. *Passato prossimo* oder *imperfetto*? Ergänzen Sie. ★★

1. Questa mattina, quando *sei arrivato* (tu - arrivare), ... (io - essere) ancora a letto.
2. Ieri sera a quest'ora .... (io - leggere) il giornale.
3. Ieri sera in due ore .... (io - leggere) tutto il giornale.
4. Stefania .... (partire) la scorsa settimana per il Cile.
5. Oggi .... (incontrare) la signora Mancini. Non la .... (vedere) da tre anni.

6. *Passato prossimo oder imperfetto?* ★★

1. Quando *viveva* (lei - vivere) a Roma, ... (andare) spesso a passeggiare a Villa Borghese.
2. I bambini .... (mangiare) già, perché .... (avere) fame.
3. Quando .... (noi - essere) piccole, mio zio ci .... (raccontare) sempre delle storie divertenti.
4. Quest'anno molti turisti tedeschi .... (visitare) Firenze.

7. Ergänzen Sie die passende Form des Imperfekts. ★★

1. Mentre *mi vestivo* (io - vestirsi), *ascoltavo* (ascoltare) la radio.
2. Mentre .... (lui - fare colazione), ... (leggere) il giornale.
3. Mentre .... (lei - lavarsi), i bambini .... (fare) colazione.
4. Mentre .... (loro - mangiare), ... (guardare) la televisione.
5. Mentre .... (lei - stirare*), ... (ascoltare) la radio.
6. Mentre Luca .... (fare) i compiti, Andrea .... (giocare) nella sua cameretta.
7. Mentre Carlo .... (telefonare), Margherita .... (preparare) la cena.
8. Mentre il professore .... (spiegare) la lezione, gli studenti .... (prendere) appunti*.
9. Mentre Valentina .... (preparare) i bagagli, Renata .... (prenotare) un taxi per andare alla stazione.
10. Mentre lei .... (pettinarsi), lui .... (farsi) la barba.

* **stirare** bügeln; **prendere appunti** sich Notizen machen

8. Hier vollziehen sich die Handlungen nicht gleichzeitig. Ergänzen Sie die Sätze mit der richtigen Vergangenheitsform. ★★

1. Mentre *frequentavo* .... (io – frequentare) il corso di tedesco, ... (conoscere) tanti studenti stranieri.
2. Mentre .... (lui – fare) la doccia, ... (finire) l'acqua calda.
3. Mentre .... (noi – uscire) di casa, ... (iniziare) a nevicare.
4. Mentre mi .... (stare) addormentando, ... (arrivare) dei miei amici.
5. Mentre .... (io – telefonare) a Teresa, qualcuno .... (suonare) alla porta.

9. Setzen Sie die Verben in der richtigen Vergangenheitsform ein. ★★

Quando *andavo* .... (andare) ① al liceo, ... (essere) ② in una classe mista ed .... (essere) ③ circa 30 tra ragazzi e ragazze. .... (essere) ④ insieme per cinque anni, ma non .... (essere) ⑤ mai una classe molto unita. .... (formarsi) ⑥ sempre dei gruppetti ed ogni volta che .... (organizzare) ⑦ una gita o una festa .... (essere) ⑧ al massimo una decina a parteciparvi. I nostri insegnanti .... (essere) ⑨ molto severi e .... (dovere) ⑩ studiare molto. .... (essere) ⑪ anche gli anni delle manifestazioni studentesche e dei movimenti giovanili e così qualche volta non .... (andare) ⑫ a scuola e .... (fare) ⑬ sciopero*. Dopo la maturità* soltanto cinque di noi .... (proseguire) ⑭ gli studi e .... (andare) ⑮ all'università; gli altri .... (trovare) ⑯ un lavoro, alcune ragazze, invece, ... (decidere) ⑰ di fare le mamme a tempo pieno.

* **lo sciopero** der Streik; **la maturità** das Abitur

20 Das historische Perfekt *(il passato remoto)*

1. Ergänzen Sie die Tabelle. ★★★

	parlare	potere	finire
io			*finii*
tu		*potesti*	
lui, lei, Lei	*parlò*		
noi			*finimmo*
voi		*poteste*	
loro, Loro	*parlarono*		

2. Suchen Sie im Buchstabennetz acht Verben und setzen Sie sie im *passato remoto* in die Lücken ein. ★★★

F S H O **S C O L P I R E** N V E R F N
O S B S E N A U F S C G I J E C E A
N L E A U B S C R I V E R E B R R S
D T S R Ö D B E L N U M F Ü R E N C
A C S H D I P I N G E R E E N A S E
R O E L E S E N B E N Ü B E R R E R
E N R S B L T E R N A R S O C E H E
G A E R U D I C H I A R A R E E E G

1. Michelangelo Buonarroti *scolpì* il famoso David di Firenze.
2. Dante Alighieri .... a Firenze nel 1265.
3. Diogene .... un famoso filosofo greco.
4. Giuseppe Verdi .... molte opere liriche.
5. Nel 1794 Papa Benedetto XIV .... il Colosseo luogo sacro in ricordo dei martiri cristiani.
6. La leggenda dice che Romolo e Remo .... Roma.
7. Carlo Magno .... il Sacro Romano Impero.
8. Nel 1501 circa Leonardo da Vinci .... la Gioconda.

3. Setzen Sie die folgenden Verben im *passato remoto* ein. ★★★

riporre vedere spedire trascorrere andare ✔ attendere
pubblicare alzarsi venire mettersi cercare

1. Per molti anni andai a trovarlo.
2. (loro) .... spesso di farsi aiutare dagli amici.
3. (lei) .... a trascorrere alcuni giorni da noi.
4. In quel luogo (noi) .... giorni molto felici.
5. La signora .... e .... il cappotto.
6. Quella mattina (io) .... tutte e cinque le lettere.
7. Di sera (noi) .... grandi nuvole nere all'orizzonte.
8. Qualche anno fa (lui) .... la sua prima poesia.
9. Giovanna .... molte speranze in quel lavoro.
10. I passeggeri .... con impazienza l'arrivo dell'autobus.

4. Setzen Sie die Verben im *passato remoto* ein und ordnen Sie die Sätze anschließend zu. ★★★

1. Non cenò (lui – cenare) con noi
2. Non .... (io – andare) in montagna
3. Non .... (loro – venire) all'appuntamento
4. Non .... (io – andare) a scuola
5. Non .... (noi – guardare) il film
6. Non .... (io – sentire) il campanello
7. Non .... (tu – ascoltare) l'insegnante
8. Non .... (lei – leggere) quel libro
9. Non .... (lui – salire) sulla giostra
10. Non .... (loro – capire) nulla

a) perché si era rotta la macchina.
b) perché ti eri distratto.
c) perché soffriva di vertigini.
d) perché era stato al ristorante.
e) perché era noioso.
f) perché dovevamo studiare.
g) perché non parlavano italiano.
h) perché ero stanco.
i) perché ero in giardino.
j) perché ero malata.

5. ***Un incontro sul treno.* Zwei Freunde treffen sich nach längerer Zeit. Ergänzen Sie den Dialog mit den richtigen Formen des *passato remoto.*** ★★★

— Ciao, Roberto.

— Ma guarda che sorpresa, sono anni che non ci vediamo.

— Eh sì, dagli anni dell'università.

— È vero, ti ricordi quanti bei momenti abbiamo passato insieme?

— Sì, certo e anche le vacanze, specialmente l'ultima, quando decidemmo (decidere) ① di andare in Inghilterra in treno e .... (partire) ② senza avvertire* nessuno.

— Poi da Londra .... (telefonare) ③ ai nostri genitori e li .... (avvertire) ④.

— .... (arrabbiarsi) ⑤ moltissimo, ma poi .... (calmarsi) ⑥.

— Accidenti, come .... (divertirsi) ⑦, ... (essere) ⑧ una vacanza davvero eccezionale. Ti ricordi, in discoteca .... (conoscere) ⑨ quelle due tedesche bellissime che .... (frequentare) ⑩ per tutto il periodo. Sai, con una di loro sono ancora in contatto. .... (tornare) ⑪ in Germania l'anno dopo e ora insegna inglese all'università.

— Ti ricordi quella volta che .... (andare) ⑫ tutti insieme al British Museum? Per sbaglio* .... (avvicinarsi) ⑬ troppo ad un quadro e improvvisamente .... (scattare) ⑭ l'allarme e tutti gli agenti .... (precipitarsi) ⑮ su di noi per arrestarci.

* **avvertire** benachrichtigen; **per sbaglio** aus Versehen

Per fortuna .... (riuscire) ⑯ a spiegare tutto

e .... (lasciarci) ⑰ andare.

— Già, ... (essere) ⑱ un'esperienza davvero magnifica. Ma tu che cosa fai ora, dove vivi?

— A Monaco, mi sono trasferito lì due anni fa per motivi di lavoro. Anzi perché non vieni a trovarmi? Questo è il mio biglietto da visita. Ora devo scendere, ti aspetto!

— Ti chiamerò. Ciao!!!

6. *Passato remoto* oder *trapassato remoto*? Wie lautet die richtige Vergangenheitsform? ★★★

1. Dopo che *ebbi mangiato*, *guardai* la televisione.
2. Non appena .... (lei - chiudere) la porta, ... (squillare) il campanello.
3. Finché non .... (noi - ricevere) la telefonata, non .... (prendere) alcuna decisione.
4. Dopo che .... (io - leggere) quel libro, ... (capire) perché era diventato un grande best-sellers.
5. Solo dopo che .... (loro - arrivare) negli Stati Uniti, ... (decidere) di rimanerci per alcuni anni.
6. Non appena .... (loro - nominare) il nuovo ambasciatore, ... (esserci) un grande ricevimento.
7. Dopo che .... (io - raggiungere) la casa, ... (scoppiare) un violento temporale.
8. Non appena i ladri .... (uscire) dalla banca, l'impiegato .... (riuscire) ad avvertire la polizia.

9. Dopo che .... (loro - fare) la passeggiata in montagna, ... (riposarsi).
10. Dopo che .... (lui - visitare) l'Asia, (decidere) di convertirsi al buddismo.

7. Übersetzen Sie den folgenden Text. Verwenden Sie das passato remoto und das imperfetto. ★★★

Vor einigen Jahren besuchte ich einen italienischen Sprachkurs an der Universität für Ausländer in Perugia. Dort waren viele andere Studenten, die aus der ganzen Welt kamen. Unsere Lehrer waren sehr jung und sympathisch. Der Kurs lief shon eine Woche, als eines Tages eine neue Studentin kam. Sie war wunderschön und stammte aus Dänemark. Unsere Blicke trafen sich sofort und wir wurden dicke Freunde. Wir verbrachten den ganzen Sommer zusammen und machten viele Ausflüge in die ganze Region Umbrien. Nachdem ich kein Dänisch und sie kein Portugiesisch (meine Sprache) sprach, waren wir gezwungen, immer italienisch miteinander zu reden. Am Ende des Kurses beschlossen wir, uns in Umbrien wieder zu treffen. Das geschah natürlich schon zwei Monate später, und nach einem Jahr heirateten wir und zogen zusammen nach Perugia, wo wir ein Haus kauften und seitdem dort leben.

21 Das Futur I und II

1. Ergänzen Sie die Tabelle. ★★

	passare	vedere	finire
io	*passerò*		
tu			*finirai*
lui, lei, Lei		*vedrà*	
noi	*passeremo*		
voi			*finirete*
loro, Loro		*vedranno*	

2. Beantworten Sie die folgenden Fragen. ★★

1. — Che farai domani?
   — *Domani andrò in piscina* . *(ins Schwimmbad gehen)*
2. — Quando arriverà tua sorella?
   — .... *(morgen)*
3. — Dove sarà la mia patente?
   — .... *(in der weißen Tasche)*
4. — Con chi uscirete stasera?
   — .... *(mit unseren englischen Freunden)*
5. — Come mai domani non verrai al concerto?
   — .... *(arbeiten müssen)*
6. — Quando andrete a cavalcare?
   — .... *(nächstes Wochenende)*
7. — A che ora torneranno a casa i bambini?
   — .... *(sehr bald)*

3. Setzen Sie die Verben in den Plural. ★★

1. Lascerò le chiavi nel cassetto. *Lasceremo le chiavi nel cassetto.*
2. Andrai domani dal dottore? ....
3. Vi riferirà presto gli ultimi fatti. ....
4. Verrà presto da te. ....
5. Ti darà sicuramente una mano. ....
6. Farai tutto il possibile? ....
7. Le dirò tutto al mio ritorno. ....
8. Con un'aspirina starai subito meglio. ....
9. Tradurrà il testo per domani. ....
10. Berrò un aperitivo prima di mangiare. ....

4. Formulieren Sie die entsprechenden Fragen zu den folgenden Antworten. ★★

1. — *A che ora decollerà l'aereo?*
   — L'aereo decollerà alle 8.00 di mattina.
2. — .... ?
   — Partirò da Colonia alle 16.00.
3. — .... ?
   — Vincerà sicuramente la Ferrari.
4. — .... ?
   — Comprerà una Porsche.
5. — .... ?
   — Li compirà il 4 luglio.
6. — .... ?
   — I suoi genitori festeggeranno le nozze d'oro.
7. — .... ?
   — Gilda comprerà una casa in Sardegna.
8. — .... ?
   — Il semestre estivo finirà in luglio.

5. Ersetzen Sie das Präsens durch das Futur. ★★

1. Domani vado in banca a ritirare i soldi.
   Domani andrò in banca a ritirare i soldi.
2. A che ora ci incontriamo stasera?
   ....
3. La prossima settimana escono i risultati dell'esame.
   ....
4. Tra qualche mese ci sono di nuovo le elezioni.
   ....
5. Stasera vado a pattinare.
   ....
6. Questa macchina è presto disponibile nella nuova versione sportiva.
   ....
7. Il problema non è facile da risolvere.
   ....

6. Diese Sätze sind total durcheinander geraten. Ordnen Sie sie richtig zu. ★★★

1. Dopo che avremo finito di studiare,
2. Dopo che avrò mangiato,
3. Appena sarà arrivata in Inghilterra,
4. Non appena li avrete raggiunti,
5. Dopo che sarò tornato dall'università,
6. Appena avrai letto il giornale,
7. Non appena sarete arrivati a Berlino,
8. Dopo che avrà finito di vedere il film,
9. Dopo che saremo andati in piscina,
10. Appena sarà finito il carnevale,

a) salutateli da parte nostra.
b) metterà in ordine la casa.
c) mangerò un panino.
d) mi metterò a dipingere.
e) telefonerà ai suoi genitori.
f) inizierà la Quaresima*.
g) telefoneremo a Grazia.
h) dammelo, per favore.
i) fatevi sentire.
j) passeremo a trovarti.

* **la Quaresima** die Fastenzeit

7. Bilden Sie Sätze nach dem vorgegebenen Muster. ★★★

1. Luigi - fare colazione - andare in ufficio
   Dopo che avrà fatto colazione, Luigi andrà in ufficio.
2. (noi) preparare i bagagli - partire per il Nepal
3. Anna - finire di scrivere il libro - andare in vacanza
4. Carlo - fare la doccia - andare a comprare il giornale
5. (noi) terminare la lezione - prendere la metropolitana
6. (tu) laurearsi - potere fare un viaggio
7. Sara - trovare un lavoro - comprarsi una macchina
8. (lui) finire di leggere - telefonare a Davide
9. Franco - frequentare il corso di informatica - sapere usare il computer
10. Angela fare le spese - andare a trovare Sabina
11. (voi) pranzare - potere fare un pisolino*
12. (lei) visitare la fiera - andare a un ricevimento
13. (tu) navigare in internet tutta la notte - essere stanco morto*
14. Mario e Nadia andare in pensione - trasferirsi in campagna

* **il pisolino** das Nickerchen; **stanco morto** todmüde

22 Der Konditional I und II

1. Ergänzen Sie die Tabelle. ★★

	restare	vedere	capire
io		*vedrei*	
tu	*resteresti*		
lui, lei, Lei			*capirebbe*
noi			*capiremmo*
voi	*restereste*		
loro, Loro		*vedrebbero*	

2. Können Sie die durcheinandergeratenen Sätze wieder ordnen? ★★

1. Guarderemmo volentieri un film,
2. Comprerebbero una macchina nuova,
3. Berrei volentieri qualcosa con te,
4. Rimarrei volentieri a letto,
5. Andrebbe volentieri in America,
6. Telefonerei volentieri a Paolo,
7. Faremmo volentieri una passeggiata,
8. Leggerei volentieri il giornale,
9. Ti accompagnerei volentieri,
10. Andrebbe volentieri in palestra**,

a) ma ho un appuntamento.
b) ma Sandra ha dimenticato di comprarlo.
c) ma ha paura di volare.
d) ma non hanno soldi.
e) ma fa troppo freddo.
f) ma siamo stanchi.
g) ma aspetto una telefonata.
h) ma non ho il numero.
i) ma la domenica è chiusa.
j) ma devo andare a lavorare.

* **la palestra** das Fitnesscenter

3. Bilden Sie Sätze nach dem vorgegebenen Muster. ★★

1. partire - necessario - ma - è - non - volere
   Non vorrei partire, ma è necessario.
2. mangiare - piacere - granita - una - mi - caffè - al
   ....
3. diventare - grande - veterinario - (lui) volere - da
   ....
4. arrivate - telefonare - quando - vostra - dovere - a - madre
   ....
5. un - riposo - di - di - proprio - avere - bisogno - po'
   ....

4. Ergänzen Sie den Dialog. ★★

— Ho una sete terribile, *berrei* (bere) ① volentieri qualcosa.

— .... (potere) ② entrare in questo bar.

— Buongiorno, ... (volere) ③ una birra fresca alla spina.

— Io .... (volere) ④ una granita al limone. Non ti .... (andare) ⑤ di prendere anche un gelato?

— No, ... (preferire) ⑥ anche io una granita, però al caffè: così .... (potere) ⑦ svegliarmi un po', sono così stanco.

— Dopo .... (noi - potere) ⑧ andare a vedere la mostra su Leonardo, il museo è qui vicino.

— Oh, ottima idea. Lì almeno .... (fare) ⑨ un po' fresco. Oggi fa un caldo terribile e alla radio hanno detto che domani la temperatura .... (dovere) ⑩ raggiungere i 35°.

— L'ideale .... (essere) ⑪ andare in piscina, che ne dici?

— D'accordo, ottima idea.

5. Suchen Sie im Buchstabennetz (waagrecht und senkrecht) acht Verben im Infinitiv. Setzen Sie anschließend die Konditionalformen dieser Verben in die Lücken ein. ★★★

L S C F A R E B E P I A C E R E F G
E S B S E N A U F D O M P R A R E N
G L V E N I R E M S T E I G E N R E
G T A R Ö D B E L N U M F Ü R A N **A**
E C H H R M I T B R D O V E R E S **V**
R O R L E S E N B E N Ü B E R L E **E**
E N E S S I G Z P R A S T U R O H **R**
N A P R E P A R A R E V I E L E E **E**
D E S I D E R A R E B I E R E N N X

1. Senza il tuo aiuto non (io) *avrei* .... mai superato quell'esame.
2. Oh, come mi .... cambiare lavoro!
3. Luca .... tanto avere un cagnolino.
4. .... volentieri a trovarti, ma ho un impegno.
5. A scuola .... impegnarti di più.
6. Lavori troppo, non ti .... male rilassarti un po'.
7. Sono così stanca, mi (tu) .... un caffè?
8. A quanto pare gli italiani .... troppo poco!

6. Setzen Sie die Sätze in die Vergangenheit. ★★★

1. Fa molto caldo, andrei volentieri in piscina.
   Faceva molto caldo, sarei andato volentieri in piscina.
2. Ha mal di denti, dovrebbe andare dal dentista.
   ....
3. Le daremmo un passaggio, ma la macchina è rotta.
   ....
4. Vorrebbe smettere, però non ci riesce.
   ....
5. Comprerebbe volentieri una moto, ma sua moglie ha paura.
   ....

7. Beantworten Sie die folgenden Fragen wie im Beispiel vorgegeben. ★★★

1. — Perché non l'hai invitato alla tua festa?
   (er hatte schon einen Termin)
   — *L'avrei invitato volentieri, ma era già impegnato.*
2. — Perché non hai chiamato il medico?
   (er war im Urlaub)
   — ……………………………………
3. — Perché non siete andati da vostra zia?
   (wir mussten lernen)
   — ……………………………………
4. — Perché non siete andati con il treno?
   (es gab einen Bahnstreik)
   — ……………………………………
5. — Perché non ti sei ancora alzato?
   (ich hatte Kopfweh)
   — ……………………………………
6. — Perché non hai preso la bicicletta?
   (es war kaputt)
   — ……………………………………
7. — Perché non le hai detto che arrivavo?
   (ich habe sie nicht getroffen)
   — ……………………………………
8. — Perché non hai ancora scritto quell'e-mail?
   (ich hatte keine Zeit)
   — ……………………………………
9. — Perché non le hai comprato le scarpe?
   (das Geschäft war geschlossen)
   — ……………………………………
10. — Perché non sei andato al lavoro?
    (ich bin krank)
    — ……………………………………

23 Der Konjunktiv

1. Ergänzen Sie die Tabelle. ★★★

	guardare	leggere	sentire
io		legga	
tu			
lui, lei, Lei			senta
noi	guardiamo		
voi	guardiate		
loro, Loro			

2. Setzen Sie die Verben in Klammern in der richtigen Form in die Lücken ein. ★★★

1. Credo che arrivi (arrivare) domani.
2. Pensano tutti che ______ (essere) una buona occasione.
3. Suppongo che ______ (loro - venire) domani sera.
4. Penso che ______ (stare) per arrivare un temporale.
5. Credono che ______ (essere) la cosa migliore per lui.
6. Dicono che Luca ______ (avere) grandi possibilità di fare carriera.
7. Immagino che tu ______ (volere) di nuovo pagare la cena a tutti.
8. Spera che lo ______ (loro - informare) il più presto possibile.
9. Temo che ______ (avere) proprio ragione lei.
10. Non voglio che tu ______ (uscire) con quei ragazzi, non mi piacciono.
11. — Sai dov'è Nicola?
    — Penso che ______ (stare) lavorando.
12. — Perché ha telefonato Anna?
    — Vuole che l' ______ (tu - aiutare) a traslocare.

3. Beantworten Sie folgende Fragen wie im Beispiel vorgegeben. Verwenden Sie den Konjunktiv Perfekt. ★★★

1. — Dove si trova Anna?
   (einkaufen gegangen)
   — Credo che sia andata a fare la spesa.

2. — Dov'è Angelo?
   (mit seiner Freundin weggegangen)
   — ……………………………………

3. — Dov'è Maria?
   (geschäftlich verreist)
   — ……………………………………

4. — Dove si trova Vittoria?
   (sie hat sich in ihr Zimmer zurückgezogen)
   — ……………………………………

5. — Dov'è Marco?
   (zum Schlittschuhlaufen gegangen)
   — ……………………………………

6. — Dove sono Patricia e Raffaele?
   (zu Hause geblieben)
   — ……………………………………

7. — Dove sono i bambini?
   (ins Schwimmbad gegangen)
   — ……………………………………

8. — Dove sono i tuoi genitori?
   (spazieren gegangen)
   — ……………………………………

9. — Dov'è Emiliano?
   (bei den Großeltern geblieben)
   — ……………………………………

4. Ergänzen Sie die Sätze mit der richtigen Form des Konjunktiv Präsens. ★★★

1. È necessario che tu gli *telefoni* (telefonare) subito.
2. È opportuno che Lei .... (fare) un'accurata* visita medica.
3. È inopportuno che si .... (parlare) di lui in sua presenza.
4. È possibile che qui .... (venire) aperta una nuova filiale della banca.
5. È impossibile che .... (esserci) degli egoisti come quelli.
6. È probabile che loro .... (potere incontrarsi) di nuovo.
7. È improbabile che .... (venire) anche lui al matrimonio.
8. Non è sicuro che lui .... (potere) arrivare domani sera.
9. È giusto che tu le .... (raccontare) tutta la verità.
10. È ingiusto che .... (essersi) rivolto a te in quell'occasione.

5. Übersetzen Sie folgende Sätze. ★★★

1. Die Lehrerin will, dass man in der Klasse nur italienisch redet.
   L'insegnante vuole che in classe si parli solo italiano.
2. Wir hoffen, sie hat die Prüfung bestanden.
   ....
3. Es könnte sein, dass sie sich getäuscht haben.
   ....
4. Es ist anzunehmen (*ital.* wahrscheinlich), dass sie es noch niemandem erzählt haben.
   ....
5. Meine Eltern wollten, dass ich Medizin studiere.
   ....
6. Sie haben sich gefreut, dass du es dir gekauft hast.
   ....

* **accurato** gründlich

6. Folgende Konjunktionen verlangen den Konjunktiv. Setzen Sie sie richtig ein. ★★★

affinché ✔ benché sebbene purché prima che nel caso che
a patto che nel caso in cui come se sebbene

1. La sua famiglia ha fatto di tutto, *affinché* lui riuscisse a superare la malattia.
2. .... l'insegnante avesse spiegato bene il congiuntivo, gli studenti sbagliarono gli esercizi.
3. Devo uscire, ... inizi a piovere.
4. .... telefoni, digli che torno stasera.
5. .... fosse molto stanco, continuò il suo lavoro.
6. I dimostranti erano disposti a tutto, ... il governo accettasse le loro richieste.
7. I contadini erano disposti a cambiare il tipo di coltivazione, ... ricevessero maggiori sussidi.
8. .... tutti dicessero che sbagliava, lei continuò a fare di testa sua.
9. Potrebbe venire con noi, ... abbia già finito di mangiare.
10. Si comportò da grande egoista, proprio .... tutto gli fosse dovuto.

7. Setzen Sie die folgenden Sätze in die Vergangenheit. ★★★

1. Non penso che abbia già cinquant'anni.
   Non pensavo che avesse già cinquant'anni.
2. Voglio che tu rifletta bene sull'accaduto.
   ....
3. Ci auguriamo che abbiano ben ponderato la situazione.
   ....
4. Si pensa che durante le vacanze di Pentecoste molti turisti visitino l'Italia.
   ....
5. Dubito che riescano a finire in un mese tutti i lavori di restauro.
   ....

24 Der Imperativ

1. Ergänzen Sie den Dialog mit den Imperativformen. ★★

— Giulio, oggi sono davvero furiosa* con te. Non puoi dormire tutta la giornata!

— Ma mamma, sono molto stanco.

— Non mi interessa, sono le 11.00, alzati (alzarsi) ①!, ... (andare) ② a fare colazione e non .... (bere) ③ solo il latte, ... (mangiare) ④ anche qualcosa! Dopo .... (rimettere) ⑤ in ordine la tua cameretta e .... (studiare) ⑥: la prossima settimana hai un esame!

— Oh, mamma. Ti prego, tra un po' devo uscire. Ho un appuntamento con un mio amico.

— Non mi interessa. .... (disdire*) ⑦ l'appuntamento e non .... (uscire) ⑧ finché non avrai fatto tutto quello che ti ho detto!

— Oh, come è dura la vita di un figlio!!!

— Non .... (lamentarsi) ⑨ e .... (fare) ⑩ ciò che devi fare. Anzi, ... (sbrigarsi*) ⑪!

2. Setzen Sie die Verben in den Imperativ. ★★

1. Per favore, signori abbiano (avere) ancora un po' di pazienza!
2. Signora, non .... (arrabbiarsi) con me!
3. Se non vuoi avere problemi, ... (fare) come ti dico io!

* **furiosa** wütend; **disdire** absagen; **sbrigarsi** sich beeilen

4. .... (tu - stare) calmo! Non ....
(preoccuparsi)! Vedrai che si risolverà tutto.
5. Carlo, per favore, non .... (dire) più bugie!
6. Ragazzi, un po' di calma, ... (dare) anche agli altri la possibilità di rispondere!
7. Luciano, ti prego, ... (essere) più buono!
8. Michele, ... (dire) ai ragazzi di venire a tavola!

3. Wie lautet die Höflichkeitsform im Imperativ? Formulieren Sie folgende Sätze um. ★★★

1. Signorina, può scrivere questa lettera?
Signorina, scriva questa lettera!
2. Signore, può parlare più forte? Non La sento bene.
....
3. Signora Rossi, La prego di accomodarsi.
....
4. Signora, può telefonare al dottor Mazzi?
....
5. Signori, potrebbero mostrarmi i Loro biglietti?
....
6. Signora, può accompagnare il bambino dal dottore?
....
7. Signorina, può finire il lavoro per domani?
....
8. Signore, può chiudere il finestrino, c'è corrente*.
....
9. Signora, deve assaggiare questo vino, è buonissimo.
....

* **la corrente** *hier:* der Luftzug

4. Sie fahren weg und hinterlassen ihrer Freundin einen Zettel mit verschiedenen Anweisungen. Setzen Sie die fehlenden Imperativformen ein. ★★

Cara Antonella,

questa è la lista con tutte le indicazioni. Per favore, *seguile* (seguirle) ① accuratamente! .... (annaffiare) ② le piante una o due volte durante la settimana. Mi raccomando, non .... (annaffiarle) ③ troppo!

Ti prego, ... (venire) ④ tutte le sere e .... (dare) ⑤ da mangiare al gatto, inoltre .... (essere) ⑥ dolce con lui, ... (fargli) ⑦ le coccole, così non sente troppo la mia mancanza. Per quanto riguarda i pesci, non .... (preoccuparsi) ⑧, ... (mettere) ⑨ due volte alla settimana un po' di cibo in polvere nell'acquario. Non .... (esagerare) ⑩, altrimenti ingrassano! .... (controllare) ⑪ bene, quando esci, che tutte le finestre siano chiuse.

.... (telefonare) ⑫ in caso di problemi.

A presto, un bacione

Marta

5. Setzen Sie diese Sätze in die Verneinungsform. ★★

1. Speditemi una cartolina! *Non speditemi una cartolina!*
2. Datele una mano! ....
3. Diteci che cosa volete! ....
4. Prendimi quella giacca, per favore! ....
5. Trattatelo bene quel vostro amico! ....
6. Prendila quell'aspirina! ....
7. Spiegatele tutto! ....

6. Ergänzen Sie die kleinen Dialoge mit den entsprechenden Imperativformen. ★★★

1. — *Scusi* (Lei - scusare)! Mi sa dire dove è il bar?

   — Certo, ... (Lei - andare) sempre dritto, poi .... (girare) a destra.

2. — .... (Lei - sentire)! C'è un benzinaio qui vicino?

   — Sì, ... (Lei - girare) a sinistra, poi .... (procedere) dritto, il benzinaio è sulla destra.

3. — .... (Voi - sentire)! Dov'è la fermata dell'autobus?

   — .... (Voi - prendere) la prima strada a destra, ... (andare) fino al semaforo, poi .... (voltare) di nuovo a destra e lì c'è la fermata.

4. — .... (Lei - sentire)! Dove possiamo trovare una banca?

   — .... (Loro - girare) subito qui a sinistra, ... (camminare) per circa 100 metri. La banca si trova sul lato destro della strada, accanto a un bar.

5. — .... (tu - scusare)! Come si arriva a Piazza del Duomo?

   — Oh, da qui è piuttosto lontano. .... (tu - prendere) la metropolitana, è proprio dietro l'angolo.

7. Formulieren Sie die folgenden Sätze wie im Beispiel vorgegeben um. ★★

1. Compra a lui il gelato. *Compraglielo!*
2. Leggi a me la favola. ....
3. Spedite a lei una lettera. ....
4. Dai a lei una spiegazione. ....
5. Fai a loro una spremuta. ....
6. Dite a noi la novità. ....
7. Offrite a noi un caffè. ....
8. Parla a me dei tuoi problemi. ....

25 Das Passiv

1. Setzen Sie die folgenden Sätze ins Passiv. ★★★

1. Molti tifosi seguono le corse di Formula 1.
   Le corse di Formula 1 sono seguite da molti tifosi.
2. Ogni anno migliaia di turisti visitano l'Italia.
3. Non penso che costruiranno più un ponte sullo stretto di Messina.
4. Gli italiani rispettano sempre più l'ambiente.
5. Il papà legge tutte le sere una favola al bambino.
6. Molti studenti frequentano i corsi d'italiano all'università.
7. All'inizio di ogni estate molte auto percorrono le strade in direzione del mare.

2. Beantworten Sie folgende Fragen und verwenden Sie dabei das Passiv. ★★★

1. Da chi sei stata accompagnata a casa? *(Alberto)*
   Sono stata accompagnata da Alberto.
2. Da chi Le sono state riferite queste cose? *(Rechtsanwalt)*
3. Da quando è stato scoperto questo vaccino? *(seit vielen Jahren)*
4. Da chi sei stata chiamata stamattina? *(mein Kollege)*
5. A che ora Le è stato recapitato* questo pacchetto? *(um 14 Uhr)*

* **recapitare** zustellen

3. Setzen Sie die folgenden Sätze ins Passiv und achten Sie dabei auf die Zeiten. ★★★

1. Giacomo Leopardi scrisse molte poesie bellissime.
   Molte poesie bellissime furono scritte da Giacomo Leopardi.
2. Cristoforo Colombo scoprì l'America nel XV secolo.
3. Michelangelo Buonarroti dipinse la Cappella Sistina.
4. H. Melville scrisse nel 1851 il famoso romanzo "Moby Dick".
5. Leonardo da Vinci progettò anche molte macchine belliche*.
6. William Shakespeare scrisse molte commedie e tragedie bellissime.
7. Lorenzo il Magnifico protesse molti artisti.
8. Molti famosi pittori italiani come Giotto e Cimabue affrescarono la Basilica di Assisi.
9. Ludovico II di Baviera fece costruire molti castelli da favola.
10. Salvador Dalì durante la sua vita raccolse molte riproduzioni di opere famose.

* **bellico** Kriegs-

4. Bilden Sie Aktivsätze nach dem vorgegebenen Muster. ★★★

1. Da chi ti è stato prestato questo libro?
   Chi ti ha prestato questo libro?
2. La notizia dell'attentato è stata annunciata durante il telegiornale.
   ……………………
3. I fiori sono stati piantati in giardino da mia madre.
   ……………………
4. Spero che le sue azioni verranno capite da tutti.
   ……………………
5. Le leggi devono essere osservate da tutti i cittadini.
   ……………………
6. Se continuerà a non studiare, verrà sicuramente bocciato.*
   ……………………
7. Non vi preoccupate, la cena sarà preparata (da me) in un attimo.
   ……………………
8. Da chi vi è stato spedito questo pacco?
   ……………………

5. Formulieren Sie die folgenden Sätze um und benutzen Sie dabei die Passivform mit *venire*. ★★★

1. La matematica non è capita da tutti.
   La matematica non viene capita da tutti.
2. I campionati del mondo di calcio saranno seguiti da molte persone.
   ……………………
3. La città fu distrutta da un fortissimo terremoto.
   ……………………
4. Il seminario su G. Ungaretti fu frequentato da tanti studenti.
   ……………………
5. Molti giocattoli erano regalati ai bambini dagli zii.
   ……………………

* **essere bocciato** durchfallen

6. Quel programma televisivo è guardato da molti telespettatori.

7. Il Presidente fu ricevuto dalla Regina con tutti gli onori.

8. Il convegno sarà indetto da un'associazione ambientalista.

9. Il mare era illuminato dalle lampare* dei pescatori.

10. L'esame fu sostenuto da tutti gli studenti con grande successo.

6. Bilden Sie Passivsätze und verwenden Sie dabei die Passivform mit *andare.* ★★★

1. Il pacco – spedire – subito
   Il pacco va spedito subito.
2. La frutta – mangiare – fresca
3. La bolletta del telefono – pagare – subito
4. I regali di Natale – comprare – oggi
5. La camera – prenotare – domani
6. Le rose – potare* – stasera
7. Il biglietto – comprare – subito
8. Una e-mail – spedire – immediatamente

* **la lampara** das Leuchtfischerboot; **potare** stutzen

26 Die Modalverben

1. Ergänzen Sie die Tabelle. ★

	volere	potere	dovere
io	*voglio*	………	………
tu	………	………	*devi*
lui, lei, Lei	………	*può*	………
noi	*vogliamo*	………	………
voi	………	………	*dovete*
loro, Loro	………	*possono*	………

2. Vervollständigen Sie die Sätze mit den angegebenen Modalverben. ★★

1. Non ho *potuto* telefonarti prima, sono *dovuta* uscire. (dovuta, potuto)
2. Non ……… mangiare i dolci, ma ……… mangiarli ugualmente. (voglio, potrei)
3. Mi scusi, ……… farLe una domanda: "Dove ……… trovare la signora Sanni?" (potrei, posso)
4. Se ………, ……… dopo cena. (verrò, potrò)
5. Tu ……… stare più attento, non ……… agire sempre così affrettatamente. (devi, puoi)
6. Se ……… uscire, ……… prima studiare. (devi, vuoi)
7. Lucio ……… venire a trovarti, ……… parlarti urgentemente. (deve, vuole)
8. Quest'anno non ……… andare in vacanza, ……… lavorare tutto il mese di agosto. (possiamo, dobbiamo)
9. Domani mattina ……… alzarsi molto presto, se non ……… perdere il treno. (vorranno, dovranno)
10. Carla, ……… telefonare in segreteria, così ……… sapere il risultato degli esami. (potrai, devi)

3. *Al bar!* Renato und Marta gehen in ein Café und bestellen etwas zu essen. Ergänzen Sie den Dialog. ★★

— Che cosa desiderano, signori?

— Io .... (volere) ① un caffè.

— E lei signora, cosa .... (potere) ② portarLe?

— Mi porti un cappuccino, poi .... (volere) ③ anche un cornetto.

— Scusi, io .... (dovere) ④ andare in bagno, dov'è?

— È vicino alla cassa, signore.

— Ah, grazie. Senta, anche io .... (volere) ⑤ mangiare qualcosa, mi .... (potere) ⑥ portare un tramezzino con i funghi?

— Va bene.

— Scusi, ... (potere) ⑦ avere un portacenere?

— Mi dispiace, signora, ma qui non .... (potere) ⑧ fumare, è vietato.

4. Setzen Sie die Modalverben ins *passato prossimo*. ★★

1. Devo andare a casa. *Sono dovuto andare a casa.*
2. Vuole telefonare a Sergio. ....
3. Possiamo partire presto. ....
4. Volete visitare il museo. ....
5. I miei amici vogliono venire a trovarmi. ....
6. La signora Paoli deve prendere l'aereo. ....
7. Il dottore può prescrivere delle medicine. ....
8. Le bambine vogliono andare a scuola a piedi. ....
9. Cristina deve partire per motivi di lavoro. ....
10. Angela vuole andare a teatro. ....

27 Die unpersönliche Form *si*

1. Formulieren Sie die folgenden Sätze um und verwenden Sie dabei die unpersönliche Form *si*. ★★

1. Stasera andiamo al cinema. — *Stasera si va al cinema.*
2. Arriviamo a casa alle 10.00. ……………
3. Studiamo le lingue classiche. ……………
4. Si fermano in città. ……………
5. Devono essere puntuali. ……………
6. Si svegliano presto la mattina. ……………
7. A volte devono essere fatti dei compromessi. ……………
8. Potevano essere trovate altre soluzioni. ……………
9. Ora devono abituarsi a questo ritmo di vita. ……………
10. Devono agire più prontamente. ……………

2. Übersetzen Sie die folgenden Sätze. ★★

1. Man hätte diese Umweltkatastrophe vermeiden können.
   Si sarebbe potuta evitare questa catastrofe ambientale.
2. Man geht jeden Abend zu spät ins Bett.
   ……………
3. Man sollte sich öfter treffen.
   ……………
4. Man stellt ihm zu viele Fragen.
   ……………
5. Man sollte nie lügen. Lügen haben kurze Beine.
   ……………
6. Man hat sich bei ihm zu Hause getroffen.
   ……………

3. Setzen Sie die folgenden Sätze in die Vergangenheit. ★★

1. Non si può capire il suo atteggiamento.
   Non si è potuto capire il suo atteggiamento.
2. Da Monaco a Roma si impiegano minimo dieci ore.
   ...
3. Si inizia a costruire la nuova stazione.
   ...
4. In quella nazione si usano tecnologie industriali avanzate.
   ...
5. Si inizia a licenziare il personale di quel negozio.
   ...
6. Non si nota molto questa differenza.
   ...
7. Ci si abitua presto a nuove forme di vita.
   ...
8. Non si sa molto di quella brutta storia.
   ...

4. Formulieren Sie die Sätze wie im Beispiel vorgegeben um. ★★

1. Uno è molto stanco. *Si è molto stanchi.*
2. Uno si è riposato. ...
3. Uno non deve mai essere triste. ...
4. Uno è sempre di fretta. ...
5. Uno è piuttosto tranquillo. ...
6. Uno non è molto interessato. ...
7. Uno guarda troppo la TV. ...
8. Uno non si sente solo. ...
9. Uno è annoiato. ...
10. Uno si è divertito molto. ...

28 Die direkte und die indirekte Rede

1. Wandeln Sie von direkter in indirekte Rede um: ★★★

1. Luca dice: "Voglio un cagnolino".
   Luca dice che vuole un cagnolino.
2. Sara e Carlo chiedono: "Ci prestate la macchina stasera?"
   ....
3. Carola conclude: "Vado a casa, perché sono stanca".
   ....
4. Piero afferma: "Appena finisco di lavorare, vengo volentieri".
   ....
5. Andrea dice: "Odio i maglioni di lana".
   ....
6. Il metereologo dice: "Domani farà bel tempo".
   ....
7. Il ministro afferma: "Verranno stanziati* più soldi per la ricerca".
   ....

2. Bringen Sie die Sätze von der indirekten in die direkte Rede. ★★★

1. Susanna dice che vuole andare alla festa.
   Susanna dice: "Voglio andare alla festa."
2. Michele dice che quando legge vuole stare comodo.
   ....
3. Il giornalista afferma che domani ci sarà lo sciopero dei benzinai.
   ....
4. Il medico dice che il fumo fa male alla salute.
   ....
5. Il direttore dice alla segretaria di telefonare all'ingegner Mori.
   ....

* **stanziare** bereitstellen

3. Setzen Sie die folgenden Sätze in die indirekte Rede. ★★★

1. La ragazza disse: "Il fine settimana andrò al mare con gli amici".
   La ragazza disse che il fine settimana sarebbe andata al mare con gli amici.
2. L'uomo aggiunse: "Se non fosse perché ho bisogno di soldi, cambierei lavoro".
3. Affermava sempre: "Non ti preoccupare, io ti aiuterò".
4. Luigi rispose: "Ti chiamerò appena sarò arrivato a casa".
5. Claudia disse: "In caso di ritardo, ti telefonerei".
6. Lei ripete sempre: "Bambini, non siate cattivi".

4. Bringen Sie die Sätze von der indirekten in die direkte Rede. ★★★

1. Alessia disse che era appena arrivata e che si sarebbe fermata solo qualche giorno.
   Alessia disse: "Sono appena arrivata e mi fermerò solo qualche giorno".
2. I ragazzi affermarono che erano tornati dalle vacanze, perché avevano finito tutti i soldi.
3. Angela mi disse di telefonare a Matteo e chiedergli se volesse venire a cavalcare.
4. La segretaria asserì che l'esame poteva essere sostenuto all'inizio di ottobre.
5. Nicoletta disse che quella sera aveva preso freddo e di conseguenza si era ammalata.

29 Die Bedingungssätze

1. Setzen Sie die Verben in der richtigen Form ein. Verwenden Sie das Präsens *(reale Hypothese)*. ★

1. Se *sei* stanco, *vai* a letto.
2. Se .... (nevicare), non .... (io - andare) a passeggiare.
3. Se non .... (Lei - sbrigarsi), ... (perdere) l'autobus.
4. Se .... (voi - bere) così tanti caffè, ... (innervosirsi) troppo.
5. Se .... (tu - venire) a trovarmi, ti .... (raccontare) le ultime novità.
6. Se .... (noi - partiamo) subito, non .... (trovare) sicuramente traffico.
7. Se .... (tu - andare) in città, dimmelo che .... (io - venire) con te.
8. Se .... (voi - tornare) in tempo, ... (noi - mangiare) insieme.
9. Se questo libro ti .... (piacere), te lo .... (regalare).
10. Se .... (lui - avere) la febbre, ... (dovere) rimanere a letto.

2. Ergänzen Sie die folgenden Sätze mit den entsprechenden Futurformen *(reale Hypothese)*. ★★

1. Se il prossimo anno *riusciranno* a risparmiare abbastanza, *compreranno* una cucina nuova.
2. Se a Natale .... (noi - avere) un po'di ferie, ... (andare) a sciare.
3. Se mi promette che .... (lui - guidare) piano, ... (io - andare) in macchina con lui.
4. Se il governo .... (ottenere) la fiducia del Parlamento, ... (potere) governare fino alle nuove elezioni.

5. Se il prezzo della benzina .... (continuare) ad aumentare, gli automobilisti .... (lasciare) le loro macchine a casa.
6. Se la prossima settimana .... (io - essere) ancora malata, ... (andare) dal dottore.
7. Se .... (loro - essere) buoni, li .... (lei - portare) al parco.
8. Se .... (voi - volere), ... (potere) usare la mia macchina.
9. Se .... (tu - studiare) di più, ... (riuscire) a preparare più esami.

3. *Irreale Hypothese.* Setzen Sie die Verben in der richtigen Form in die Lücken ein. ★★★

1. Se non *avessi dovuto* studiare, *sarei andata* volentieri alla festa.
2. Se non .... (noi - partire) in tempo, ... (trovare) la strada bloccata dai dimostranti.
3. Se .... (lui - avere) più tempo, ... (rimanere) qualche giorno in più a Roma.
4. Se Pino .... (ascoltare) più spesso i suoi consigli, ... (trovarsi) meglio nella vita.
5. Se non .... (lei - prendere) l'ombrello, ... (bagnarsi) completamente.
6. Se .... (lei - comportarsi) sempre in modo più leale, la .... (loro - stimare) maggiormente.
7. Se gli esercizi di matematica non .... (essere) così complicati, ... (lui - finire) più in fretta i compiti.
8. Se non .... (lui - avere) un altro impegno, ti .... (accompagnare) volentieri all'aeroporto.

30 Die Präpositionen

1. ***Al telefono.*** **Zwei Freundinnen unterhalten sich am Telefon. Ergänzen Sie den Dialog mit den fehlenden Präpositionen.** ★★

— Pronto? Ciao Carla, sono Anna. Come stai? Che cosa hai fatto ieri di ① bello?

— Ciao Anna, che piacere sentirti. Ieri? .... ② mattina sono stata .... ③ casa, ho pranzato .... ④ i miei genitori, poi tutti insieme siamo andati .... ⑤ trovare mia nonna .... ⑥ campagna. E tu che cosa hai fatto?

— .... ⑦ 9.00 sono andata .... ⑧ piscina con Luigi. .... ⑨ pranzo poi siamo andati .... ⑩ un ristorante lì vicino e .... ⑪ sera siamo stati .... ⑫ cinema.

— È stata sicuramente una bella giornata.

— Sì, davvero molto piacevole*. Che ne dici .... ⑬ trascorrere il prossimo fine settimana insieme?

— Sì, buona idea. Hai già .... ⑭ mente qualcosa?

— Luigi ed io vorremmo andare .... ⑮ mare. I suoi genitori hanno una villetta .... ⑯ San Felice Circeo. Potresti venire .... ⑰ il tuo ragazzo.

— Oh, grazie .... ⑱ l'invito. Lo dirò .... ⑲ Giorgio e poi ti richiamo domani.

— D'accordo, ... ⑳ domani, ciao.

— Ciao, ... ㉑ presto.

* **molto piacevole** sehr angenehm

2. Übersetzen Sie folgende Sätze. ★★

1. Morgen muss ich nach Mailand fahren.
   Domani devo andare a Milano.
2. Wie kommst du in die Schule, zu Fuß oder mit dem Bus?
   ......
3. Es ist nicht möglich, in zwei Monaten eine Sprache zu lernen.
   ......
4. In den letzten Tagen habe ich wenige Freunde getroffen.
   ......
5. Seit zehn Jahren lebe ich in diesem Land.
   ......
6. Er schmiert sich immer Gel in die Haare.
   ......

3. Vervollständigen Sie die Tabelle. ★

	la	le	il	i	lo	gli
di	*della*	......	*dei*	......	......	......
a	......	......	*al*	......	......	*agli*
da	......	*dalle*	......	......	*dallo*	......
in	......	......	......	*nei*	......	*negli*
su	*sulla*	......	*sul*	......	......	......

4. Setzen Sie die richtigen Präpositionen mit Artikel ein. ★★

1. Sandro arriva oggi *dall'*Italia.
2. Non ti avevo visto, ma ti ho riconosciuto ...... voce.
3. La situazione finanziaria ...... sua famiglia non è ...... migliori.
4. Il naufrago trascorse tre giorni ...... barca in balia ...... onde, ma poi fu salvato.

5. Se Andrea non si sbriga ad andare .... aeroporto, perderà l'aereo.
6. La maturità di una persona aumenta .... corso .... anni.
7. .... cassetto ho ritrovato .... antiche foto di famiglia.
8. Il mercatino .... antiquariato si svolge sempre l'ultima domenica .... mese.
9. .... parchi inglesi ho sempre visto molti scoiattoli.
10. Ha aspettato con molta impazienza l'arrivo .... suoi amici.

5. *Di* oder *da*? Ergänzen Sie. ★★

1. Antonella e Roberto hanno comprato dei nuovi mobili per la camera ...da... letto.
2. Susanna sabato sera andrà a ballare e indosserà il suo nuovo vestito .... sera.
3. Questo pullover .... lana è davvero molto morbido.
4. Quel ragazzo .... capelli biondi è un caro amico .... Luca.
5. Quello è un orologio .... grande valore.
6. Sono andati a vivere in una città non lontana .... nostra.
7. Quel tavolo è .... legno massiccio.
8. Fu morso .... una vipera durante un'escursione.

6. *In* oder *a*? Ergänzen Sie. ★

1. ...In... America convivono molte culture diverse.
2. Lo scorso anno è andato tre volte .... Parigi.
3 Molti turisti tedeschi si recano .... vacanza .... Toscana.
4. La Repubblica di San Marino si trova .... Italia, ma è uno stato indipendente.
5. Il convegno si terrà .... Firenze tra il 20 e il 30 maggio.
6. Sto uscendo, sto andando .... ufficio.
7. Letizia si è trasferita, ora non abita più .... Via Verdi.

7. Setzen Sie die Präpositionen *con* und *su* in die Lücken ein. ★★

1. Ha preso in affitto un appartamento ...con... un'amica.
2. Hanno superato .... grande maestria* quel difficile esame.
3. Che sbadato, devo aver di nuovo lasciato le chiavi .... scrivania.
4. Francesco si arrampicava .... alberi già a quattro anni.
5. .... il passare degli anni il suo carattere si è addolcito.
6. La sua forte personalità lo fa sempre dominare .... tutti.
7. Vedi quella casa .... le finestre chiuse? È lì che andremo ad abitare.
8. Poggia tutto .... tavolo e non ti preoccupare!
9. Abbiamo prenotato una camera con vista .... mare.

8. Setzen Sie die Präpositionen *per* und *tra/fra* in die Lücken ein. ★★

1. ...Fra... due mesi andrò in vacanza in Messico.
2. Ho aspettato .... un'ora la coincidenza del treno.
3. È davvero triste, ma .... Maria e Salvatore non c'è più dialogo.
4. .... fortuna sono arrivati! Stavo iniziando a preoccuparmi.
5. .... gli animali in via d'estinzione ci sono alcune specie che vengono cacciate di frodo.
6. Impiega ogni giorno due ore in macchina .... andare a lavorare.
7. Vieni! È .... te. Ti vogliono al telefono.
8. Che cos'hai in programma .... domani?
9. .... quella gente c'è anche mia sorella.
10. Il pacco arriverà .... due o tre giorni.

* **la maestria** *hier:* Bravour; **sbadato** zerstreut; **poggiare** legen, stellen; **cacciare di frodo** wildern

31 Die Konjunktionen

1. Verbinden Sie die folgenden Sätze und ergänzen Sie die fehlenden Konjunktionen. ★★

tuttavia   anzi   e ✔   cioè (x 2)   invece   perciò   o   né … né   eppure

1. Prima ha scritto un'e-mail [c]
2. Il mare era molto mosso, [ ]
3. Non ha assolutamente ascoltato i suoi consigli [ ]
4. L'aereo arriverà tra due ore [ ]
5. Pensavo che la macchina fosse tua, [ ]
6. La temperatura esterna era piuttosto bassa [ ]
7. Vorrei una camicetta da bambina, [ ]
8. Vieni subito con noi [ ]
9. Ti sbagli, non è [ ]
10. È una persona buona e altruista [ ]

a) ………… avrei giurato che fosse un grande egoista.
b) ………… ha indossato un maglione pesante.
c) e………… poi l'ha spedita. ✔
d) ………… per una bambina di dieci anni.
e) ………… ha deciso di fare il bagno.
f) ………… malato ………… stanco, è solo pigro*.
g) ………… ha fatto esattamente il contrario.
h) ………… vai con loro più tardi?
i) ………… mi sono sbagliato, è di Mario.
j) …………, più precisamente, alle 21.30.

* **pigro** faul

2. Ergänzen Sie die folgenden temporalen Konjunktionen. ★★

quando appena ✔ prima che dopo che finché

1. *Appena* lo incontri digli di telefonarmi.
2. Serena è proprio testarda! Insiste .... non ottiene ciò che vuole.
3. .... furono ritornati dalle vacanze, diedero una grande festa.
4. .... hai telefonato, lei era già uscita.
5. .... tu lo venga a sapere da altri, te lo dico io.
6. Non .... guarirai faremo una gita in barca.
7. .... decidete di uscire avvertitemi, così vengo con voi.
8. Non riuscirà a risolvere il problema, ... non si impegnerà di più.
9. .... fu uscita di casa, si accorse di aver lasciato le chiavi dentro.
10. Si addormentò .... il film terminasse.

3. Leider sind die folgenden Sätze durcheinander geraten. Setzen Sie sie wieder richtig zusammen. ★★★

1. stato - poiché - male - notte - andato - lavorare - a - non - questa - tutta - è - mattina - la - è

   Poiché è stato male tutta la notte, questa mattina non è andato a lavorare.
2. situazione - siccome - grave - deciso - comune - la - risanarlo - quartiere - molto - del - di - è - degrado - il

   ....
3. non - dato - pensato - telefonare - cellulare - che - arrivavi - di - sul - dove - per - eri - sapere - ho

   ....
4. tutta - perché - ha - riusciva - la - dormire - letto - non - a - notte

   ....
5. occhiali - mise - potesse - affinché - meglio - gli - leggere

   ....

Lösungen

1 Das Substantiv

1.
maskulin: bambino, cane, libro, albergo, colore, tema, strumento, ospedale, esercizio, fiume
feminin: casa, bugia, tigre, persona, chiave, strada, barca, ciliegia, tavola, regione

2.
ragazzi, peschi, meccanici, fiori, banchi, viaggi, cataloghi, medici, errori, biglietti, amici, alberghi

3.
arancia, zia, farmacia, spiaggia, casa, chiesa, provincia, camicia, svizzera, bambina, collega

4.
1. temi; 2. problemi; 3. diploma; 4. teoremi; 5. tennista; 6. colleghi; 7. astronauta; 8. poeti

5.
collega, collega; belga, belga; negoziante, negoziante; nipote, nipote; insegnante, insegnante; pianista, pianista

6.
1. scrittore, scrittrice; 2. dottore, dottoressa; 3. professore, professoressa;
4. duca, duchessa; 5. attore, attrice; 6. studente, studentessa; 7. profeta, profetessa
Bei der gesuchten italienischen Region handelt es sich um die "Toscana".

7.
1. a. il pianto, b. le piante; 2. a. un palmo, b. palme; 3. a. una bilancia, b. il bilancio; 4. a. la balena, b. un baleno; 5. a. il posto, b. la posta; 6. a. marche, b. il marco

2 Der bestimmte und der unbestimmte Artikel

1.
la casa, la gente, la radio, la città, la libertà, la mano
l'amica, l'acqua, l'olandese, l'aranciata
le colleghe, le tazze, le fotografie, le radio (*Pl.*), le città (*Pl.*), le tigri, le libertà (*Pl.*), le amicizie

2.
il nome, il re, il tema, l'amico, lo sconto, i castelli, i cantanti, i laghi, l'uovo, gli inglesi, i coltelli, il cesto, gli anni, lo sbaglio, i giornali, lo studente, il libro, il giornalista, lo xilofono, gli olandesi

3.
le camicie, le barche, le amiche, le cassette, le lampade
i quaderni, i fiori, i bar, i cani, i pesci
gli uomini, gli stranieri, gli alberghi, gli errori, gli yogurt

4.
una grammatica, un dizionario, un'ora, un'agenzia, uno svizzero, un vestito, una moneta, uno scherzo, una lettera, una spesa, uno gnomo, una gonna

5.
1. gli; 2. –, –; 3. la; 4. – ; 5. –, il

6.
1. una; 2. un; 3. un; 4. un; 5. un; 6. un; 7. una; 8. i; 9. lo; 10. il; 11. gli; 12. il; 13. un; 14. la; 15. uno; 16. il; 17. l'; 18. i; 19. la; 20. un; 21. il; 22. il; 23. Il tiramisù.

3 Der Teilungsartikel

1.
1. dei; 2. delle; 3. dei; 4. dei; 5. dei; 6. degli; 7. dei; 8. delle; 9. delle; 10. degli

2.
1. Abbiamo bevuto delle aranciate. 2. Abbiamo mangiato delle pizze.
3. Avete scritto delle cartoline! 4. Hanno comprato dei libri.
5. Abbiamo incontrato degli studenti. 6. Preferiamo dei caffè.
7. Avete fatto degli sbagli. 8. Ci prestate delle matite?
9. Hanno visto dei film al cinema.
10. Le abbiamo fatto dei regali./Abbiamo fatto loro dei regali.

3.
1. degli; 2. degli; 3. dell'; 4. dei; 5. delle; 6. delle; 7. del; 8. dell'; 9. della; 10. dell'

4.
1. un; 2. un; 3. un; 4. le/delle; 5. una; 6. dei; 7. dei; 8. un; 9. i; 10. la

4 Die betonten Objektpronomen

1.

E S A U S G E B E N S E **T E** E R F G
E S B S E N A U F S C H R E I B E N
G L F A U B **M E** M S T E I G E N R **L**
N T **N** R Ö D B E L N U M F Ü R A N **U**
S C **O** H R M I T B **V O I** G E N E S **I**
B O **I** L E S E N B E N Ü B E **L** L E G
E N E S S I G Z **L E I** R N A **O** H H I
N A N R U F E N E I N V I E **R** E E G
R Ü S S E A N P R O B I E R **O** N N X

2.

1. Vado con lui. 2. Vengo con voi. 3. Vado da lei. 4. Abita da noi.
5. Andiamo con loro. 6. Sono per lui. 7. L'ho spedita a lei. 8. Ha fiducia in me.
9. L'hanno dato a lei. 10. È per te. 11. Telefono a lei. 12. Ho domandato a loro.

3.

1. Oggi ceno con loro. 2. Preparerò l'esame con lei. 3. Andrai con lui a Perugia?
4. A loro piace fare sport? 5. Hai comunicato anche a lui la novità?
6. Giovedì vado a pranzo da lei.

4.

1. me, lui; 2. te; 3. lei; 4. Lei; 5. loro; 6. loro; 7. lei, te; 8. me; 9. te; 10. loro

5 Die unbetonten Objektpronomen

1.

R	Z	**L**	U	F	G	E
D	E	**O**	C	**L**	**A**	Q
M	I	E	B	S	A	S
I	M	N	**L**	**E**	**C**	**I**
S	**T**	U	**I**	P	N	T
E	**I**	Z	D	**V**	**I**	H

2.
1. Carla lo legge. 2. Io non la firmo. 3. Sandra mi invita al ristorante. 4. Chi li cucina? 5. Ti capisco quando parli italiano. 6. Ci invitano tutti i fine settimana. 7. Il professore vi interroga a lungo. 8. Le aspettiamo. 9. Li avete puliti? 10. Le hai ascoltate?

3.
1. la; 2. ti; 3. lo; 4. Mi; 5. lo; 6. li; 7. l'; 8. l'; 9. Le; 10. l'

4.

L	**E**	H	**M**	P	E	Q
B	E	**G**	**I**	O	**C**	**I**
T	Q	**L**	E	M	C	O
I	R	**I**	A	L	N	I
R	T	F	I	C	V	**V**
L	**O**	**R**	**O**	S	Q	**I**

5.
1. Le piace la musica. 2. Quando gli telefoni? 3. Mi serve un'auto più veloce. 4. Che cosa gli hai detto?/Che cosa hai detto loro? 5. Le scrivo una lettera. 6. Quando ci racconti ...? 7. Vi confido .... 8. Ti nasconde tutta .... 9. Gli ho regalato un maglione.

6.
1. Vi telefono domani. 2. Ho detto loro di venire./Gli ho detto di venire. 3. Ho raccontato loro .../Gli ho raccontato ... 4. Scusi, ci indica dov'è la stazione? 5. Ci chiediamo .... 6. Ho detto loro di uscire./Gli ho detto di uscire. 7. Vi dispiace .... 8. Ci hanno prestato .... 9. Vi ho fatto .... 10. Ci ha descritto ....

7.
1. gli; 2. mi; 3. gli; 4. Loro, /Signori, Vi consiglio ... 5. ti; 6. Ti; 7. Le; 8. vi; 9. le; 10. mi; 11. ci; 12. vi

8.
1. Sì, mi piace molto. 2. No, non ci scrivono mai. 3. Sì, mi interessa molto. 4. No, gli telefono domani. 5. Sì, le ho telefonato ieri.

9.
1. Lo aiuto. 2. Le hai già telefonato? 3. Gli ha già chiesto tutto. 4. Che cosa le hai risposto? 5. Lo accompagni fino alla porta? 6. Non ci ha informati. 7. Signora Maier, Le telefono domani. 8. La vedo ogni pomeriggio. 9. Gli scolari l'hanno ascoltata attentamente. 10. Ti ringrazio.

6 Die Pronominaladverbien *ci* und *ne*

1.
1. – c; 2. – h; 3. – f; 4. – b; 5. – e; 6. – d; 7. – a; 8. – g

2.
1. ne, Ci, starci, Ci, ne, Ne, Ci
2. ci, andarci
3. ne, ne, ne, andarci

3.
1. Ci andiamo domani. 2. Ci vengo domenica. 3. Ci vengo io. 4. Ci vengo volentieri. 5. Ci andiamo alle 16.00. 6. Ci sto bene. 7. Ci veniamo volentieri. 8. Ci rimango una settimana. 9. Ci sono andata ieri. 10. Ci tornerò presto.

4.
1. farci; 2. ne posso; 3. ci capisco; 4. Ne vale; 5. se ne sta; 6. crederci; 7. ne sa; 8. se ne è andata

5.
1. ci ho pensato; 2. Ci sono andata; 3. Ne ho fatti; 4. ci abbiamo pensato; 5. Ne ho spedite; 6. Ci siamo andati; 7. ci ho creduto; 8. ne abbiamo fatto; 9. ne sono piaciute; 10. Ne ho riservati

7 Die Doppelpronomen

1.

	la	**le**	**lo**	**li**	**ne**
mi	me la	me le	me lo	me li	me ne
ti	te la	te le	te lo	te li	te ne
le **gli** **Le**	gliela	gliele	glielo	glieli	gliene
ci	ce la	ce le	ce lo	ce li	ce ne
vi	ve la	ve le	ve lo	ve li	ve ne
gli **loro**	gliela	gliele	glielo	glieli	gliene

2.

1. Sì, gliel'ho già offerto. 2. Gliel'ho consegnata ieri.
3. Me ne restano tre. 4. No, non te li posso prestare.
5. Te la restituiamo la settimana prossima.
6. No, non ve l'ho ancora preparata.
7. Ce ne siamo accorti poco fa.

3.

1. (Io) gliel'ho già detto. 2. Me le puoi prestare? 3. Hai tu i suoi giocattoli, me li potresti ridare? 4. Mamma, per favore, comprameli! 5. Diglielo, ti capirà!
6. Gliel'hai già raccontato? 7. Te l'hanno già chiesto? 8. Cosa pensi? Ce li potremmo comprare? 9. Il professore ce l'ha spiegato molto chiaramente.
10. Quel vestito è veramente bello. Dovresti comprartelo!

4.

1. Non te l'ha detta. 2. Non ve l'ha ancora consegnato. 3. Gliel'hai già letta?
4. Gliel'avete già ordinata? 5. Non gliel'hanno ancora preparata.
6. Gliele avete già fatte vedere?

5.

1. Gliel'hai già comprata? 2. Chi ve l'ha consigliato?
3. Quando te le hanno spedite? 4. Glieli hai consegnati?

6.

1. – e; 2. – f; 3. – j; 4. – c; 5. – h; 6. – b; 7. – d; 8. – a; 9. – g; 10. – i

8 Die Demonstrativpronomen

1.
1. questa, quella; 2. questi, quegli; 3. queste, quelle; 4. questa, quell'; 5. questo, quel; 6. queste, quelle; 7. questa, quella; 8. questo, quel; 9. questo, quell'; 10. questi, quegli

2.
1. quell', g; 2. quel, d; 3. quella, b; 4. quel, i; 5. quei, j; 6. quella, a; 7. quegli, c; 8. quel, e; 9. quelle, f; 10. quell', h

3.
1. questa, stesse; 2. medesime; 3. "Codesto"; 4. stesso; 5. stesso; 6. Colui; 7. medesima; 8. Quei; 9. stesso

4.
1. questo, quello; 2. quell', Questo; 3. quegli, Quelli, quelli; 4. questa, quella, questa; 5. Quel, Quello, quello

9 Die Possessivpronomen

1.

la mia	le mie	il mio	i miei
la tua	le tue	il tuo	i tuoi
la sua	le sue	il suo	i suoi
la nostra	le nostre	il nostro	i nostri
la vostra	le vostre	il vostro	i vostri
la loro	le loro	il loro	i loro

2.
1. Il suo libro .... 2. La sua macchina .... 3. Le sue scarpe .... 4. I suoi genitori .... 5. Il suo orologio .... 6. La sua valigia .... 7. Il suo cane .... 8. I suoi mobili ....

3.
1. Le mie sorelle vivono in Italia. 2. Le mie zie abitano a Roma. 3. I miei nonni sono anziani. 4. Le mie cugine sono molto carine. 5. I miei nipoti sono vivaci. 6. Le mie cognate sono straniere.

4.
1. Come si chiama Suo marito? 2. Va ancora a scuola Sua figlia? 3. Dov'è la tua borsa? 4. È italiana la Sua famiglia? 5. Quando arriva la tua nuova macchina? 6. Sono sul tavolo i Suoi occhiali? 7. Trascorri le feste con la tua famiglia? 8. È sposato tuo fratello? 9. Dove abitano le Sue amiche? 10. È numerosa la tua famiglia?

5.
1. Ti piacciono i miei occhiali? 2. Mio fratello è andato in America. 3. Il nostro lavoro è veramente interessante. 4. La mia sorella maggiore è sposata da un anno. 5. Ieri sono andato a trovare i miei amici e ho visitato la loro nuova casa. 6. Ciro ha lasciato la sua città, perchè lì non trovava lavoro. 7. I soci della società non erano d'accordo con la sua proposta. 8. Signor Professore, i Suoi libri sono sul tavolo. 9.Suo padre è un famoso giornalista. 10.I nostri figli hanno sette e quattro anni. 11.Conosci la loro madre? 12.Tuo padre ha chiamato oggi.

6.
1. le mie; 2. tuo; 3. la mia; 4. i suoi; 5. la sua; 6. sul suo; 7. la tua; 8. nella mia

10 Die Indefinitpronomen

1.
1. - h; 2. - g; 3. - e; 4. - i; 5. - a; 6. - c; 7. - j; 8. - d; 9. - f; 10. - b

2.
1. certa; 2. Qualsiasi; 3. qualche; 4. ogni; 5. Qualunque; 6. Ogni; 7. Certa;
8. qualsiasi; 9. qualche; 10. Qualunque

3.
1. - P; 2. - A; 3. - P; 4. - P; 5. - A; 6. - P; 7. - P; 8. - A

11 Die Interrogativpronomen und -adverbien

1.
1. - f; 2. - i; 3. - a; 4. - j; 5. - b; 6. - c; 7. - e; 8. - g; 9. - d; 10. - h

2.
1. Chi; 2. che; 3. Quanto; 4. quando; 5. qual; 6. Dove; 7. Come;
8. Che cosa; 9. Perché; 10. Quanti; 11. chi; 12. Perché; 13. che

3.
1. Dove andate domani? 2. Che cosa prende/prendi?
3. A che ora aprono i negozi la mattina? 4. Quando mi telefoni? 5. Dove andate questa sera? 6. A chi stai telefonando? 7. Quante persone hai invitato?

4.
1. Con chi parlavi prima?/Con chi hai parlato prima? 2. Che cosa ti è accaduto/successo? 3. Di che cosa ha parlato oggi il professore? 4. In che anno è nata? 5. Qual è il tuo numero di telefono? 6. Come ti chiami? 7. Che ora è?/Che ore sono?

12 Die Relativpronomen

1.
1. Quel ragazzo che è sulle scale è mio fratello. 2. Il libro che è nella borsa è di Paola. 3. La macchina che è parcheggiata qui davanti è di Luigi. 4. Il treno che è sul binario 3. va a Monaco. 5. Mario, mi puoi restituire il libro che ti ho prestato ieri? 6. Ho parlato con un tuo amico che mi ha pregato di salutarti. 7. Ieri ho incontrato degli amici che non vedevo da tanto tempo. 8. Non conosciamo la famiglia che abita nella nuova casa. 9. Gli studenti che sostengono l'esame sono numerosi. 10. I fiori che ha ricevuto Maria sono molto belli.

2.
1. Chi; 2. che; 3. Chi; 4. che; 5. chi; 6. che; 7. Chi; 8. che; 9. Chi; 10. che

3.
1. con cui; 2. di cui; 3. a cui; 4. in cui; 5. tra cui; 6. su cui; 7. per cui; 8. da cui; 9. su cui; 10. tra cui; 11. in cui; 12. tra cui; 13. da cui; 14. tra cui

4.
1. dal quale; 2. con il quale; 3. della quale; 4. alla quale; 5. delle quali; 6. nella quale; 7. per il quale; 8. alla quale

5.
1. in cui/nel quale; 2. che; 3. con la quale/con cui; 4. che; 5. sulla quale/su cui; 6. in cui/nel quale; 7. che; 8. con cui/con la quale

13 Das Adjektiv

1.
la casa spaziosa; il professore gentile; le mani piccole; la penna stilografica; i bambini diligenti; la pizza saporita; i treni puntuali; i pesci colorati

2.
1. – b; 2. – h; 3. – e; 4. – i; 5. – d; 6. – c; 7. – j; 8. – g; 9. – a; 10. – f

3.
1. la nuvola grigia; 2. l'orologio preciso; 3. il mobile moderno; 4. lo straniero ricco; 5. la studentessa straniera; 6. l'animale feroce; 7. il bar italiano; 8. la macchina veloce; 9. il film interessante

4.

1. Il programma è interessante. 2. Le piante sono verdi. 3. La lezione è noiosa. 4. La bottiglia è piena. 5. Lo studente è tedesco. 6. Il ristorante è caro. 7. Il vestito è elegante. 8. Il corso d'italiano è difficile. 9. Le valigie sono molto pesanti. 10. La frutta è matura. 11. Il mio maglione nuovo è rosso. 12. Il romanzo è bello.

5.

1. (Io) ho una macchina tedesca. 2. (Noi) abbiamo un cane piccolo. 3. Benigni è un attore italiano. 4. Paolo abita in quella casa grande. 5. In estate i prati sono molto verdi. 6. Loro sono ricchi, hanno molti soldi. 7. La loro camera da letto è molto luminosa. 8. Andrea è un bambino molto furbo. 9. Queste foto sono belle. 10. Oggi il tempo è brutto, piove.

6.

1. bel; 2. belle; 3. quel; 4. bei; 5. quell'; 6. bella; 7. bell'; 8. quella; 9. Quegli; 10. bella

7.

1. scorso; 2. meravigliose; 3. grande; 4. ricco; 5. naturali; 6. molte; 7. antichi; 8. greci; 9. normanni; 10. barocchi; 11. magnifici; 12. affascinanti; 13. cordiale; 14. aperta; 15. ospitali; 16. fresche; 17. rinomata; 18. particolare; 19. profumati; 20. unica

14 Das Adverb

1.

1. cortesemente; 2. leggermente; 3. naturalmente; 4. raramente; 5. personalmente; 6. veramente; 7. erroneamente; 8. urgentemente; 9. lungamente; 10. caldamente

2.

1. La incontro molto raramente. 2. Ieri sera ho mangiato veramente bene. 3. Rosa è una ragazza davvero simpatica. 4. Oggi è una giornata molto bella. 5. Quel libro è veramente interessante. 6. Andrea dice sempre cose molto divertenti. 7. Ieri ho dimenticato il tuo compleanno, scusami.

3.

1. Anche; 2. Ieri; 3. più; 4. sempre; 5. attentamente; 6. bene; 7. più; 8. troppo; 9. molto bene

4.

1. attentamente; 2. eleganti; 3. buona; 4. veramente; 5. stanchi; 6. felicemente; 7. originale; 8. urgente; 9. urgentemente; 10. luminosa

5.
1. È molto tardi. 2. Giulia è di salute molto cagionevole, è continuamente malata. 3. L'inflazione è aumentata leggermente. 4. I miei bambini non vanno mai a letto presto. 5. (Lei) Parla molto bene quattro lingue. 6. E ora, andiamo a fare una passeggiata? 7. Vengo subito! 8. Che cosa hai fatto ieri? 9. Mia cognata mangia solo vegetariano. 10. Dopo la guerra molte città erano del tutto distrutte.

15 Die Steigerung

1.
1. Claudio è più bravo di Marco. / C. è meno bravo di M. / C. è tanto bravo quanto M.
2. Marta è più bella di Rosa. / M. è meno bella di R. / M. è tanto bella quanto R.
3. Roberto è più pigro di Massimo. / R. è meno pigro di M. / R. è tanto pigro quanto M.
4. Elsa è più magra di Antonella. / E. è meno magra di A. / E. è tanto magra quanto A.
5. Luca è più vivace di Andrea. / L. è meno vivace di A. / L. è tanto vivace quanto A.
6. Angela è più alta di Paola. / A. è meno alta di P. / A. è tanto alta quanto P.

2.
1. più ... che; 2. più ... degli; 3. più ... degli; 4. più ... che; 5. più ... che; 6. più ... di; 7. più ... della; 8. più ... che; 9. più ... del; 10. più di; 11. più ... di; 12. più ... di

3.
1. meno ... dei; 2. meno ... di; 3. meno ... della; 4. meno ... di; 5. meno ... della; 6. meno ... che; 7. meno ... del; 8. meno ... che; 9. meno ... dell'; 10. meno .... che

4.
1. pessima; 2. tardissimo; 3. prossimo; 4. affollatissimo; 5. molto arrabbiato; 6. molto affamato; 7. caldissima; 8. sporchissimo; 9. bagnatissimo; 10. altissima; 11. pessimo; 12. freddissima; 13. bellissima; 14. tardissimo

5.
1. infima; 2. minore; 3. ultimo; 4. inferiore; 5. migliore; 6. prossimo; 7. superiore; 8. primo; 9. peggiore; 10. maggiore

6.
1. la più ... d'; 2. il più ... degli; 3. più ... dell'; 4. la più ... di; 5. più ... d'; 6. più ... degli; 7. la più ... di; 8. più ... che; 9. il più ... dei; 10. la più ... delle

16 Das Präsens

1.

guardare: (io) guardo, (tu) guardi, (lei, lui, Lei) guarda, (noi) guardiamo, (voi) guardate, (loro, Loro) guardano
credere: credo, credi, crede, crediamo, credete, credono
dormire: dormo, dormi, dorme, dormiamo, dormite, dormono

2.

1. lavorare; 2. mangiare; 3. dormire; 4. scrivere; 5. guardare; 6. guidare; 7. capire; 8. parlare; 9. finire

3.

1. finisci, finisco; 2. capisci, capisco; 3. guidi, guido; 4. mangia, mangia; 5. dormite, dormiamo; 6. parla, parlare; 7. Guardi, guardo; 8. scrivi, scrivo; 9. lavora, lavora

4.

1. parte; 2. tornate; 3. abita; 4. preferiamo; 5. ascolti; 6. finisce; 7. spende; 8. leggono; 9. telefona; 10. prendono

5.

E S A **B E R E** B E N S E N V E **G** F **C**
F I N I R E A U F S C H **L** E I **U** E **A**
G L F A U **G** B U M S T E **E** G E **A** R **P**
N T A R **C A N T A R E** M **G** Ü R **R** N **I**
S C H H R **L** I T B R I N **G** E N **D** S **R**
V O R L E **A** E **D A R E** Ü **E** E R **A** E **E**
F A R E S **R** G Z U V O R **R** A C **R** H I
N A N R U **E** E N E I N V **E** E L **E** E G
R **S P E N D E R E** O B I E R E N N X

1. beviamo; 2. canta; 3. spende; 4. leggono; 5. regali; 6. fanno; 7. Finite; 8. Capisco; 9. dà; 10. guarda

6.

1. beve; 2. fanno; 3. stai, Sto; 4. dice; 5. dà; 6. dici

7.

1. è; 2. ha; 3. studia; 4. frequenta; 5. ha; 6. va; 7. finisce; 8. esce; 9. vanno; 10. è; 11. torna; 12. preferisce; 13. legge; 14. fanno; 15. vanno; 16. hanno; 17. si rilassa; 18. pratica; 19. c'è

17 Die Verben essere und avere

1.
1. sono; 2. Sono; 3. Siamo; 4. È; 5. Siamo; 6. Sono; 7. È; 8. Sono; 9. È; 10. È 11. Sono

2.
essere: io sono; tu sei; lei, lui, Lei è; noi siamo; voi siete; loro, Loro sono
avere: io ho; tu hai; lei, lui, Lei ha; noi abbiamo; voi avete; loro, Loro hanno

3.
1. avete; 2. ha; 3. hanno; 4. hai; 5. ha; 6. hai; 7. Avete

4.
1. In ufficio c'è la segretaria. 2. Nell'armadio ci sono i vestiti. 3. Davanti alla stazione c'è un parcheggio. 4. In classe c'è l'insegnante. 5. Qui vicino c'è la fermata dell'autobus. 6. Sul davanzale della finestra c'è il gatto.

5.
1. è; 2. Ho; 3. siamo; 4. ha; 5. è; 6. è; 7. ha; 8. hanno

18 Das Perfekt und das Partizip Perfekt

1.
avere: volare, camminare, ridere, viaggiare, fare, avere, comprare, vedere, telefonare, dimenticare, credere
essere: andare, volare, essere, piovere, cadere, venire, nevicare, vivere, partire, tornare (Umgangssprachlich werden die zusammengesetzten Zeiten von **piovere**, **nevicare** und **vivere** ebenfalls mit **avere** gebildet, z. B: **ha vissuto, ha piovuto, ha nevicato**.)

2.
1. letto; 2. messo; 3. fatto; 4. bevuto; 5. dato; 6. tradotto; 7. rimasto; 8. sofferto; 9. vinto; 10. scritto; 11. riso; 12. nato; 13. perso; 14. diviso; 15. aperto; 16. sceso; 17. riflettuto; 18. offerto; 19. corso; 20. spinto

3.
1. Oggi ho comprato .... 2. Chiara e Mauro sono andati al cinema.
3. A scuola abbiamo tradotto .... 4. Perché non sei venuto/-a a trovarmi?
5. Domenico è arrivato in ritardo a scuola. 6. Che cosa avete fatto il fine settimana?
7. Oggi è piovuto ininterrottamente! 8. Mia sorella si è sposata in autunno.
9. Molti artisti hanno partecipato al concerto del primo maggio in Piazza San Giovanni.

4.
1. arrivato; 2. sentito; 3. piaciuta; 4. telefonato; 5. abbattuto; 6. comprato;
7. conosciuti; 8. sposato

5.

```
E S C R I T T O E C A D U T O R F V
E N B V E N A U T O R N A T O B E E
P A F I U E B U M S A L I T O N R N
O T A S Ö V B E L N U M F Ü R A N U
R O H S R I I S V E G L I A T O S T
T O R U E C E N B U S C I T O L E O
A N E T S A G Z U V O R N A C H H I
T A N O U T E D I M E N T I C A T O
O Ü S S E O N P E R T I T O E N N X
```

1. ho scritto; 2. è nato; 3. è caduta; 4. hanno vissuto, sono tornati; 5. è venuta; 6. ha dimenticato; 7. è salita; 8. si è svegliato, è uscito; 9. è nevicato; 10. ha portato

6.

1. comprata; 2. visto; 3. visitata; 4. chiesta; 5. riuscito

7.

1. letta; 2. lavata; 3. incontrati; 4. scattate; 5. conosciuta

19 Das Imperfekt

1.

guardare: guardavo, guardavi, guardava, guardavamo, guardavate, guardavano
leggere: leggevo, leggevi, leggeva, leggevamo, leggevate, leggevano
partire: partivo, partivi, partiva, partivamo, partivate, partivano

2.

1. Sabato scorso avevo un appuntamento con un amico. 2. Roberto era un bambino molto buono e sensibile. 3. Due anni fa abitavo ancora con i miei genitori.
4. Da bambino Adriano andava spesso in vacanza al mare.
5. Da casa mia vedevo sempre dei tramonti bellissimi. 6. La casa aveva una stupenda vista sul lago. 7. Clara aveva smesso di fare sport, ma poi ha ricominciato. 8. Susanna ieri sera aveva mal di testa. 9. I miei insegnanti del liceo erano molto bravi. 10. Non tornavano mai a casa prima di mezzanotte.

3.

1. giocava; 2. andavo; 3. mangiavamo; 4. costava; 5. si sentiva; 6. si addormentavano; 7. leggeva; 8. possedeva; 9. si incontrava; 10. incontravo, portava

4.

1. ero; 2. andavo; 3. vivevano; 4. andavamo; 5. potevamo; 6. era; 7. C'era; 8. usavano; 9. era; 10. sembravano; 11. avevamo; 12. giocavamo; 13. era; 14. giravano; 15. potevamo; 16. andavamo; 17. raccontava

5.

1. sei arrivato, ero; 2. leggevo; 3. ho letto; 4. è partita; 5. ho incontrato, vedevo

6.

1. viveva, andava; 2. hanno mangiato, avevano; 3. eravamo, raccontava; 4. hanno visitato

7.

1. mi vestivo, ascoltavo; 2. faceva, leggeva; 3. si lavava, facevano; 4. mangiavano, guardavano; 5. stirava, ascoltava; 6. faceva, giocava; 7. telefonava, preparava; 8. spiegava, prendevano; 9. preparava, prenotava; 10. si pettinava, si faceva

8.

1. frequentavo, ho conosciuto; 2. faceva, è finita; 3. uscivamo, è iniziato; 4. stavo, sono arrivati; 5. telefonavo, ha suonato

9.

1. andavo; 2. ero; 3. eravamo; 4. Siamo stati; 5. siamo stati; 6. Si formavano; 7. abbiamo organizzato; 8. eravamo (*oder:* erano); 9. erano; 10. dovevamo; 11. Erano; 12. siamo andati; 13. abbiamo fatto; 14. hanno proseguito; 15. sono andati; 16. hanno trovato; 17. hanno deciso

20 Das historische Perfekt

1.

parlare: parlai, parlasti, parlò, parlammo, parlaste, parlarono
potere: potei, potesti, potè, potemmo, poteste, poterono
finire: finii, finisti, finì, finimmo, finiste, finirono

2.

F S H O **S C O L P I R E** N V E R F N
O S B S E N A U F S C G I J E C E A
N L E A U B **S C R I V E R E** B R R S
D T S R Ö D B E L N U M F Ü R E N C
A C S H **D I P I N G E R E** E N A S E
R O E L E S E N B E N Ü B E R R E R
E N R S B L T E R N A R S O C E H E
G A E R U **D I C H I A R A R E** E E G

1. scolpì; 2. nacque; 3. fu; 4. scrisse; 5. dichiarò; 6. fondarono; 7. creò; 8. dipinse

3.

1. andai; 2. Cercarono; 3. Venne; 4. trascorremmo; 5. si alzò, si mise; 6. spedii; 7. vedemmo; 8. pubblicò; 9. ripose; 10. attesero

4.

1. cenò – d; 2. andai – h; 3. vennero – a; 4. andai – j; 5. guardammo – f; 6. sentii – i; 7. ascoltasti – b; 8. lesse – e; 9. salì – c; 10. capirono – g

5.

1. decidemmo; 2. partimmo; 3. telefonammo; 4. avvertimmo; 5. si arrabbiarono; 6. si calmarono; 7. ci divertimmo; 8. fu; 9. conoscemmo; 10. frequentammo; 11. tornò; 12. andammo; 13. ci avvicinammo; 14. scattò; 15. si precipitarono; 16. riuscimmo; 17. ci lasciarono; 18. fu

6.

1. ebbi mangiato, guardai; 2. ebbe chiuso, squillò; 3. avemmo ricevuto, prendemmo; 4. ebbi letto, capii; 5. furono arrivati, decisero; 6. ebbero nominato, ci fu; 7. ebbi raggiunto, scoppiò; 8. furono usciti, riuscì; 9. ebbero fatto, si riposarono; 10. ebbe visitato, decise

7.

Alcuni anni fa frequentai un corso d'italiano a Perugia, presso l'università per stranieri. Lì c'erano molti altri studenti che venivano da tutto il mondo.
I nostri insegnanti erano molto giovani e simpatici. Avevamo già iniziato il corso da una settimana quando, un giorno, arrivò una nuova studentessa. Era danese ed era bellissima. I nostri sguardi si incontrarono subito e diventammo molto (*oder:* grandi ...) amici. Trascorremmo tutta l'estate insieme e facemmo molte gite attraverso tutta l'Umbria. Siccome io non capivo il danese e lei non parlava il portoghese (la mia lingua), fummo costretti a parlare sempre l'italiano tra di noi. Alla fine del corso decidemmo di rincontrarci in Umbria. Questo naturalmente accadde due mesi più tardi, un anno dopo ci sposammo e ci trasferimmo a Perugia, dove comprammo una casa e da allora viviamo lì.

21 Das Futur I und II

1.

passare: passerò, passerai, passerà, passeremo, passerete, passeranno
vedere: vedrò, vedrai, vedrà, vedremo, vedrete, vedranno
finire: finirò, finirai, finirà, finiremo, finirete, finiranno

2.

1. Domani andrò in piscina. 2. Arriverà domani. 3. Sarà nella borsa bianca.
4. Stasera usciremo con i nostri amici inglesi. 5. Perchè dovrò lavorare.
6. Ci andremo il prossimo fine settimana. 7. Torneranno molto presto.

3.

1. Lasceremo .... 2. Andrete ...? 3. Vi riferiranno .... 4. Verranno ....
5. Ti daranno .... 6. Farete .... 7. Le diremo .... 8. ...starete ....
9. Tradurranno .... 10. Berremo ....

4.

1. A che ora decollerà l'aereo? 2. Quando/A che ora ... partirai da Colonia?
3. Chi vincerà (z.B. il prossimo Gran Premio di Formula 1)?
4. Che macchina comprerà? 5. Quando compirà gli anni?
6. Che cosa festeggeranno i suoi genitori? 7. Dove comprerà una casa Gilda?
8. In che mese finirà il semestre estivo? /Quando finirà ...?

5.

1. Domani andrò .... 2. A che ora ci incontreremo ...? 3. La prossima settimana usciranno .... 4. Tra qualche mese ci saranno .... 5. Stasera andrò a ....
6. Questa macchina sarà .... 7. Il problema non sarà ....

6.
1. - g; 2. - d; 3. - e; 4. - a; 5. - c; 6. - h; 7. - i; 8. - b; 9. - j; 10. - f

7.
1. Dopo che avrà fatto colazione, Luigi andrà in ufficio.
2. Dopo che avremo fatto i bagagli, partiremo per il Nepal.
3. Dopo che avrà finito di scrivere il libro, Anna andrà in vacanza.
4. Dopo che avrà fatto la doccia, Carlo andrà a comprare il giornale.
5. Dopo che avremo terminato la lezione, prenderemo la metropolitana.
6. Dopo che ti sarai laureato, potrai fare un viaggio.
7. Dopo che avrà trovato un lavoro, Sara si comprerà una macchina.
8. Dopo che avrà finito di leggere, telefonerà a Davide.
9. Dopo che avrà frequentato il corso di informatica, Franco saprà usare bene il computer.
10. Dopo che avrà fatto le spese, Angela andrà a trovare Sabina.
11. Dopo che avrete pranzato, potrete fare un pisolino.
12. Dopo che avrà visitato la fiera, andrà a un ricevimento.
13. Dopo che avrai navigato in internet tutta la notte, sarai stanco morto.
14. Dope che saranno andati in pensione, Mario e Nadia si trasferiranno in campagna.

22 Der Konditional I und II

1.
restare: resterei, resteresti, resterebbe, resteremmo, restereste, resterebbero
vedere: vedrei, vedresti, vedrebbe, vedremmo, vedreste, vedrebbero
capire: capirei, capiresti, capirebbe, capiremmo, capireste, capirebbero

2.
1. - f; 2. - d; 3. - a; 4. - j; 5. - c; 6. - h; 7. - e; 8. - b; 9. - g; 10. - i

3.
1. Non vorrei partire, ma è necessario. 2. Mi piacerebbe mangiare una granita al caffè. 3. Da grande vorrebbe diventare veterinario. 4. Quando arrivate dovreste telefonare a vostra madre. 5. Avrei proprio bisogno di un po'di riposo.

4.
1. berrei; 2. Potremmo; 3. vorrei; 4. vorrei; 5. andrebbe; 6. preferirei; 7. potrei; 8. potremmo; 9. farebbe; 10. dovrebbe; 11. sarebbe

5.

1. avrei; 2. piacerebbe; 3. desidererebbe; 4. Verrei; 5. dovresti; 6. farebbe; 7. preparereresti; 8. leggerebbero

6.

1. Faceva molto caldo, sarei andato volentieri in piscina. 2. Aveva mal di denti, sarebbe dovuto/-a andare dal dentista. 3. Le avremmo dato un passaggio, ma la macchina era rotta. 4. Avrebbe voluto smettere, però non ci riusciva.
5. Avrebbe comprato volentieri una moto, ma sua moglie aveva paura.

7.

1. L'avrei invitato volentieri, ma era già impegnato. 2. L'avrei chiamato volentieri, ma era in vacanza. 3. Ci saremmo andati volentieri, ma dovevamo studiare.
4. Ci saremmo andati volentieri, ma c'era lo sciopero dei treni.
5. Mi sarei alzato volentieri, ma avevo mal di testa. 6. L'avrei presa volentieri, ma era rotta. 7. Glielo avrei detto volentieri, ma non l'ho incontrata. 8. L'avrei scritta volentieri, ma non avevo tempo. 9. Gliele avrei comprate volentieri, ma il negozio era chiuso. 10. Ci sarei andato volentieri, ma sono malato.

23 Der Konjunktiv

1.

guardare: guardi, guardi, guardi, guardiamo, guardiate, guardino
leggere: legga, legga, legga, leggiamo, leggiate, leggano
sentire: senta, senta, senta, sentiamo, sentiate, sentano

2.

1. arrivi; 2. sia; 3. vengano; 4. stia; 5. sia; 6. abbia; 7. voglia; 8. informino; 9. abbia; 10. esca; 11. stia; 12. aiuti

3.

1. Credo che sia andata a fare la spesa. 2. Credo che sia uscito con la sua ragazza. 3. Credo che sia partita per motivi di lavoro. 4. Credo che si sia ritirata nella sua camera. 5. Credo che sia andato a pattinare. 6. Credo che siano rimasti a casa. 7. Credo che siano andati in piscina. 8. Credo che siano andati a passeggiare. 9. Credo che sia rimasto dai nonni.

4.

1. telefoni; 2. faccia; 3. parli; 4. venga; 5. ci siano; 6. si possano incontrare; 7. venga; 8. possa; 9. racconti; 10. si sia

5.

1. L'insegnante vuole che in classe si parli solo italiano. 2. Speriamo che abbia superato l'esame. 3. Potrebbe essere che si siano sbagliati. 4. È probabile che non l'abbiano ancora raccontato a nessuno. 5. I miei genitori volevano che studiassi medicina. 6. Sono contenti che tu l'abbia comprato.

6.

1. affinché; 2. Benché; 3. prima che; 4. Nel caso che; 5. Sebbene; 6. purché; 7. purché; 8. Sebbene; 9. nel caso in cui; 10. come se

7.

1. Non pensavo che avesse già .... 2. Volevo che tu riflettessi bene .... 3. Ci auguravamo che avessero ben ponderato .... 4. Si pensava che durante le vacanze ... molti turisti visitassero l'Italia. 5. Dubitavo che riuscissero a finire ....

24 Der Imperativ

1.

1. alzati; 2. vai/va'; 3. bere; 4. mangia; 5. rimetti; 6. studia; 7. disdici; 8. uscire; 9. lamentarti; 10. fai/fa'; 11. sbrigati

2.

1. abbiano; 2. si arrabbi; 3. fai/fa'; 4. stai/sta', ti preoccupare; 5. non dire; 6. date; 7. sii;
8. di'

3.

1. ... scriva .... 2. ... parli .... 3. ... si accomodi .... 4. ... telefoni .... 5. ... mi mostrino .... 6. ... accompagni .... 7. ... finisca .... 8. ... chiuda .... 9. ... assaggi ....

4.

1. seguile; 2. Annaffia; 3. annaffiarle; 4. vieni; 5. dai/da'; 6. sii; 7. fagli; 8. ti preoccupare; 9. metti; 10. esagerare; 11. Controlla; 12. Telefonami

5.
1. Non speditemi ...! 2. Non datele ...! 3. Non diteci ...! 4. Non prendermi ...!
5. Non trattatelo bene ...! 6. Non prenderla ...! 7. Non spiegatele ...!

6.
1. Scusi, vada, giri; 2. Senta, giri, proceda; 3. Sentite. Prendete, andate, voltate;
4. Senta. Girino/Girate, camminino/camminate; 5. Scusa. Prendi.

7.
1. Compraglielo! 2. Leggimela! 3. Speditegliela! 4. Dagliela! 5. Falla loro!/Fagliela! 6. Ditecela! 7. Offritecelo! 8. Parlamene!

25 Das Passiv

1.
1. Le corse di Formula 1. sono seguite da molti tifosi./vengono seguite
2. Ogni anno l'Italia è visitata da migliaia di turisti./viene visitata
3. Non penso che sarà più costruito un ponte sullo stretto di Messina. /... verrà più costruito ... 4. L'ambiente è sempre più rispettato dagli italiani./viene ...rispettato
5. Una favola è letta tutte le sere al bambino dal papà./viene letta
6. I corsi d'italiano all'università sono frequentati da molti studenti./vengono frequentati 7. All'inizio di ogni estate le strade in direzione del mare sono percorse da molte auto./vengono percorse

2.
1. Sono stata accompagnata da Alberto. 2. Mi sono state riferite dall'avvocato.
3. È stato scoperto da molti anni. 4. Sono stata chiamata da un mio collega.
5. Mi è stato recapitato alle 14.00.

3.
1. Molte poesie bellissime furono scritte da Giacomo Leopardi.
2. L'America fu scoperta nel XV sec. da Cristoforo Colombo.
3. La Cappella Sistina fu dipinta da Michelangelo Buonarroti.
4. Il famoso romanzo "Moby Dick" fu scritto nel 1851 da H. Melville.
5. Molte macchine belliche furono progettate da Leonardo da Vinci.
6. Molte commedie e tragedie bellissime furono scritte da William Shakespeare.
7. Molti artisti furono protetti da Lorenzo il Magnifico.
8. La Basilica di Assisi fu affrescata da molti famosi pittori italiani come Giotto e Cimabue.
9. Molti castelli da favola furono fatti costruire da Ludovico II di Baviera.
10. Molte riproduzioni di opere famose furono raccolte da Salvador Dalì durante la sua vita.

4.
1. Chi ti ha prestato questo libro?
2. Durante il telegiornale hanno annunciato la notizia dell'attentato.
3. Mia madre ha piantato i fiori in giardino.
4. Spero che tutti capiranno le sue azioni.
5. Tutti i cittadini devono osservare le leggi.
6. Se continuerà a non studiare, lo bocceranno.
7. Non vi preoccupate, preparerò la cena in un attimo.
8. Chi vi ha spedito questo pacco?

5.
1. ... non viene capita .... 2. ... verranno seguiti .... 3. ... venne distrutta .... 4. ... venne frequentato .... 5. ... venivano regalati .... 6. ... viene guardato .... 7. ... venne ricevuto .... 8. ... verrà indetto .... 9. ...v eniva illuminato .... 10. ... venne sostenuto ....

6.
1. Il pacco va spedito subito. 2. La frutta va mangiata fresca. 3. La bolletta del telefono va pagata subito. 4. I regali di Natale vanno comprati oggi. 5. La camera va prenotata domani. 6. Le rose vanno potate stasera. 7. Il biglietto va comprato subito. 8. Una e-mail va spedita immediatamente.

26 Die Modalverben

1.
volere: voglio, vuoi, vuole, vogliamo, volete, vogliono
potere: posso, puoi, può, possiamo, potete, possono
dovere: devo, devi, deve, dobbiamo, dovete, devono

2.
1. potuto, dovuta; 2. potrei, voglio; 3. potrei, posso; 4. potrò, verrò; 5. devi, puoi; 6. vuoi, devi; 7. vuole, deve; 8. possiamo, dobbiamo; 9. dovranno, vorranno; 10. devi, potrai

3.
1. vorrei; 2. posso; 3. vorrei; 4. dovrei; 5. vorrei; 6. può; 7. potrei; 8. può

4.
1. Sono dovuto andare a casa. 2. Ha voluto telefonare a Sergio. 3. Siamo potuti partire presto. 4. Avete voluto visitare il museo. 5. I miei amici sono voluti venire a trovarmi. 6. La signora Paoli ha dovuto prendere l'aereo. 7. Il dottore ha potuto prescrivere delle medicine. 8. Le bambine sono volute andare a scuola a piedi. 9. Cristina è dovuta partire per motivi di lavoro. 10. Angela è voluta andare a teatro.

27 Die unpersönliche Form *si*

1.

1. Stasera si va al cinema. 2. Si arriva a casa alle 10.00. 3. Si studiano le lingue classiche. 4. Ci si ferma in città. 5. Si deve essere puntuali. 6. Ci si sveglia presto la mattina. 7. A volte si devono fare dei compromessi. 8. Si potevano trovare altre soluzioni. 9. Ci si deve abituare a questo ritmo di vita. 10. Si deve agire più prontamente.

2.

1. Si sarebbe potuta evitare questa catastrofe ambientale. 2. Ogni sera si va a letto troppo tardi. 3. Ci si dovrebbe incontrare più spesso. 4. Gli si fanno troppe domande. 5. Non si devono mai raccontare le bugie. Le bugie hanno le gambe corte. 6. Ci si è incontrati a casa sua.

3.

1. Non si è potuto capire .... 2. Da Monaco a Roma si sono impiegate .... 3. Si è iniziata .... 4. In quella nazione si sono usate .... 5. Si è iniziato a licenziare .... 6. Non si è notata molto .... 7. Ci si è abituati .... 8. Non si è saputo ....

4.

1. Si è molto stanchi. 2. Ci si è riposati. 3. Non si deve mai essere tristi. 4. Si è sempre di fretta. 5. Si è piuttosto tranquilli. 6. Non si è molto interessati. 7. Si guarda troppo la TV. 8. Non ci si sente soli. 9. Si è annoiati. 10. Ci si è divertiti molto.

28 Die direkte und die indirekte Rede

1.

1. Luca dice che vuole un cagnolino. 2. Sara e Carlo chiedono se prestiamo loro/gli prestiamo la macchina stasera. 3. Carola conclude che va a casa, perché è stanca. 4. Piero afferma che appena finisce di lavorare, viene volentieri. 5. Andrea dice che odia i maglioni di lana. 6. Il metereologo dice che domani farà bel tempo. 7. Il ministro afferma che verranno stanziati più soldi per la ricerca.

2.

1. Susanna dice: "Voglio andare alla festa". 2. Michele dice: "Quando leggo voglio stare comodo". 3. Il giornalista afferma: "Domani ci sarà lo sciopero dei benzinai". 4. Il medico dice: "Il fumo fa male alla salute". 5. Il direttore dice alla segretaria: "Signora, telefoni all'ingegner Mori".

3.

1. La ragazza disse che il fine settimana sarebbe andata al mare con gli amici. 2. L'uomo aggiunse che, se non fosse stato perché aveva bisogno di soldi, avrebbe cambiato lavoro. 3. Affermava sempre che non mi dovevo preoccupare, che mi avrebbe aiutato. 4. Luigi rispose che mi avrebbe chiamato appena sarebbe arrivato a casa. 5. Claudia disse che in caso di ritardo mi avrebbe telefonato. 6. Lei ripete sempre ai bambini di non essere cattivi.

4.

1. Alessia disse: "Sono appena arrivata e mi fermerò ...". 2. I ragazzi affermarono: "Siamo tornati dalle vacanze, perché abbiamo finito tutti i soldi". 3. Angela mi disse: "Telefona a Matteo e chiedigli se vuole venire a cavalcare". 4. La segretaria asserì: "L'esame potrà essere sostenuto all'inizio di ottobre". 5. Nicoletta disse: "Ieri sera ho preso freddo e di conseguenza mi sono ammalata".

29 Die Bedingungssätze

1.

1. sei, vai; 2. nevica, vado; 3. si sbriga, perde; 4. bevete, vi innervosite; 5. vieni, racconto; 6. partiamo, troviamo; 7. vai, vengo; 8. tornate, mangiamo; 9. piace; regalo; 10. ha, deve

2.

1. riusciranno, compreranno; 2. avremo, andremo; 3. guiderà, andrò; 4. otterrà, potrà; 5. continuerà, lasceranno; 6. sarò, andrò; 7. saranno, porterà; 8. vorrete, potrete; 9. studierai, riuscirai

3.

1. avessi dovuto, sarei andata; 2. fossimo partiti, avremmo trovato; 3. avesse avuto, sarebbe rimasto; 4. avesse ascoltato, si sarebbe trovato; 5. avesse preso, si sarebbe bagnata; 6. si fosse comportata, l'avrebbero stimata; 7. fossero stati, avrebbe finito; 8. avesse avuto, avrebbe accompagnato

30 Die Präpositionen

1.

1. di; 2. Di; 3. a; 4. con; 5. a; 6. in; 7. Alle; 8. in; 9. A; 10. in; 11. di; 12. al; 13. di; 14. in; 15. al; 16. a; 17. con; 18. per; 19. a; 20. a; 21. a

2.
1. Domani devo andare a Milano. 2. Come vai a scuola, a piedi o con l'autobus? 3. Non è possibile imparare una lingua in due mesi. 4. Negli ultimi giorni ho incontrato pochi amici. 5. Vivo in questo paese da dieci anni. 6. Mette sempre del gel nei capelli.

3.

	la	le	il	i	lo	gli
di	della	delle	del	dei	dello	degli
a	alla	alle	al	ai	allo	agli
da	dalla	dalle	dal	dai	dallo	dagli
in	nella	nelle	nel	nei	nello	negli
su	sulla	sulle	sul	sui	sullo	sugli

4.
1. dall'; 2. dalla; 3. della, delle; 4. sulla, delle; 5. all'; 6. nel, degli; 7. Nel, delle; 8. dell', del; 9. Nei; 10. dei

5.
1. da; 2. da; 3. di; 4. dai, di; 5. di; 6. dalla; 7. di; 8. da

6.
1. In; 2. a; 3. in, in; 4. in; 5. a; 6. in; 7. in

7.
1. con; 2. con; 3. sulla; 4. sugli; 5. Con; 6. su; 7. con; 8. sul; 9. sul

8.
1. Fra/tra; 2. per; 3. fra/tra; 4. Per; 5. Fra/tra; 6. per; 7. per; 8. per; 9. Fra/tra; 10. fra/tra

31 Die Konjunktionen

1.
1. – c: e poi ...; 2. – e: tuttavia; 3. – g: anzi; 4. – j: cioè; 5. – i: invece; 6. – b: perciò; 7. – d: cioè; 8. – h: o; 9. – f: né ...né; 10. – a: eppure

2.
1. Appena; 2. finché; 3. Dopo che; 4. Quando; 5. Prima che; 6. appena; 7. Quando; 8. finché; 9. Dopo che; 10. prima che

3.

1. Poiché è stato male tutta la notte, questa mattina non è andato a lavorare.
2. Siccome la situazione di degrado del quartiere è molto grave, il comune ha deciso di risanarlo.
3. Dato che non arrivavi, ho pensato di telefonare sul cellulare per sapere dove eri.
4. Ha letto tutta la notte perché non riusciva a dormire.
5. Mise gli occhiali affinché potesse leggere meglio.

Grammatische Fachausdrücke

Fachausdruck	Bezeichnung	Beispiel
Adjektiv	Eigenschaftswort; *l'aggettivo*	*il vestito* ***rosso***, das rote Kleid
Adverb	Umstandswort; *l'avverbio*	*Parte* ***domani***. Er fährt morgen ab.
Akkusativ	4. Fall, Wenfall; *l'accusativo*	***Lo*** *faccio subito.* Ich mache es gleich.
Aktiv	Tätigkeitsform; *la forma attiva*	*L'uomo apre la porta.* Der Mann öffnet die Tür.
Artikel	Geschlechtswort; *l'articolo*	***la*** *casa,* ***un*** *amico;* das Haus, ein Freund
bestimmter Artikel	*l'articolo determinativo*	***la*** *casa,* ***il*** *parco;* das Haus, der Park
Bedingungssatz	*il periodo ipotetico*	*Se posso, vengo.* Wenn ich kann, komme ich.
Dativ	3. Fall, Wemfall; *il dativo*	***Gli*** *scrivo subito.* Ich schreibe ihm gleich.
Demonstrativ-pronomen	hinweisendes Fürwort; *l'aggettivo dimostrativo* *il pronome dimostrativo*	***questo*** *libro,* dieses Buch ***questo***, dieses
direkte Rede	*il discorso diretto*	*Lei dice: "Sono le due."* Sie sagt: "Es ist zwei Uhr."
Femininum	weibliche Form; *il femminile*	*amica, lei, la;* Freundin, sie, die
Futur I	erste Zukunft; *il futuro semplice*	*Chiederò.* Ich werde fragen.
Futur II	zweite Zukunft; " *anteriore*	*Avró chiesto.* Ich werde gefragt haben.
historisches Perfekt	*il passato remoto*	*comprai;* ich kaufte, habe gekauft
Imperativ	Befehlsform; *l'imperativo*	*Vai!* Geh(e)!
Imperfekt	Mitvergangenheit; *l'imperfetto*	*compravo;* ich kaufte, habe gekauft
Indefinitpronomen	unbestimmtes Fürwort; *l'aggettivo indefinito* *il pronome indefinito*	***qualche*** *persona,* einige Leute ***qualcuno***, jemand
Indikativ	Wirklichkeitsform; *l'indicativo*	***Mangio*** *una mela.* Ich esse einen Apfel.
indirekte Rede	wiedergegebene Rede *il discorso indiretto*	*Ha detto che suo marito è in ufficio.* Sie sagte, ihr Mann sei im Büro.
Infinitiv	Grundform; *l'infinito*	*andare,* (zu) gehen
Interrogativadverb	Frageadverb; *l'avverbio interrogativo*	***quando****?,* wann?
Interrogativpronomen	Fragepronomen; *l'aggettivo interrogativo* *il pronome interrogativo*	***quale*** *libro?,* welches Buch? *chi?,* wer?
irreale Hypothese	*il periodo ipotetico dell'impossibilità*	*Se l'avessi saputo, te l'avrei detto.* Wenn ich es gewusst hätte, hätte ich es dir gesagt.
Komparativ	1. Steigerungsstufe; *il comparativo*	*più lungo,* länger
Konditional I	Bedingungsform I; *condizionale semplice*	*comprerei,* ich würde kaufen
Konditional II	Bedingungsform II; *il condizionale passato*	*avrebbe risposto,* er hätte geantwortet
Konjunktion	Bindewort; *la congiunzione*	*Chiede* ***se*** *vieni.* Er fragt, ob du kommst.

Fachausdruck	Bezeichnung	Beispiel
Konjunktiv	Möglichkeitsform; *il congiuntivo*	*Se **avessi** tempo ...* Wenn ich Zeit hätte ...
Maskulinum	männliche Form; *il maschile*	*amico, lui;* Freund, er
Modalverb	Zeitwort der Art und Weise; *il verbo modale*	*dovere, volere;* müssen, wollen
Modus/-i	Aussageweise; *il modo*	*È ricco? Fosse così!* Ist er reich? Wäre es so!
Objektpronomen	*il pronome personale oggetto*	***Lo** leggo.* Ich lese es. *Vado da **loro**. Ich gehe zu ihnen.*
Partizip Perfekt	Partizip II, Mittelwort der Vergangenheit; *il participio passato*	*mangiato*, gegessen
Passiv	Leideform; *il passivo*	*La porta viene aperta.* Die Tür wird geöffnet.
Perfekt	Vorgegenwart; *il passato prossimo*	*ho comprato;* ich kaufte, habe gekauft
Personalpronomen	persönliches Fürwort; *il pronome personale*	*io, Lei, la;* ich, Sie, sie
Plural	Mehrzahl; *il plurale*	*libri*, Bücher
Plusquamperfekt	Vorvergangenheit; *il trapassato prossimo*	*Te l'avevo detto!* Ich hatte es dir gesagt!
Possessivpronomen	besitzanzeigendes Fürwort; *l'aggettivo possessivo* *il pronome possessivo*	*il **mio** libro*, mein Buch *il **mio**,* meins
Präposition	Verhältniswort; *la preposizione*	*su, con, per;* auf, mit, für
Präsens	Gegenwart; *il presente*	*Leggo.* Ich lese.
Pronomen	Fürwort; *il pronome*	*io, questo, il tuo;* ich, dieser, dein
Pronominaladverb	*l'avverbio pronominale*	*Non **ci** sono ancora andato.* Ich bin noch nicht hingegangen.
reale Hypothese	*il periodo ipotetico della realtà*	*Se ho tempo, ti telefono.* Wenn ich Zeit habe, rufe ich dich an.
Reflexivpronomen	rückbezügliches Fürwort; *il pronome riflessivo*	***Si** lava.* Er wäscht sich.
Relativpronomen	bezügliches Fürwort; *il pronome relativo*	*Il libro **che** ho comprato.* Das Buch, das ich gekauft habe.
Relativsatz	bezüglicher Nebensatz; *la frase relativa*	*Dov'è il libro **che ho comprato**?* Wo ist das Buch, das ich gekauft habe?
Singular	Einzahl; *il singolare*	*libro*, Buch
Substantiv	Hauptwort; *il sostantivo*	*il **tavolo**,* der Tisch
Superlativ	2. Steigerung; *il superlativo*	*il più bello*, der Schönste
superlativo assoluto		*bellissimo*, sehr schön
superlativo relativo		*la più bella*, die Schönste
Teilungsartikel	*l'articolo partitivo*	*Ho comprato **del** pane.* Ich habe Brot gekauft.
trapassato prossimo	Vorvergangenheit, Plusquamperfekt	*Non ci **avevo pensato**!* Ich hatte nicht daran gedacht!
trapassato remoto	Vorvergangenheit, Plusquamperfekt	*Dopo che **ebbi mangiato** ....* Nachdem ich gegessen hatte ....
unbestimmter Artikel	*l'articolo indeterminativo*	***una** casa, **un** parco;* ein Haus, ein Garten
Verb	Zeitwort; *il verbo*	*andare, venire;* gehen, kommen